Detlev Vogel

Montessori-Erziehung – wie geht das?

W0012397

Herder

Freiburg · Basel · Wien

*Besonderen Dank an meine Gestalt-Lehrerin
Katharina Martin, deren Seminare mir
den Schlüssel zu einem tieferen Verständnis
der Montessori-Pädagogik gaben
und die mich anregte, dieses Buch zu schreiben.*

Gedruckt auf umweltfreundlichem,
chlorfrei gebleichtem Papier

Alle Rechte vorbehalten – Printed in Germany
© Verlag Herder Freiburg im Breisgau 2001
Satz: DTP-Studio Helmut Quilitz, Denzlingen
Druck und Bindung: Freiburger Graphische Betriebe 2001
Umschlaggestaltung und Konzeption:
R·M·E München/Roland Eschlbeck, Liana Tuchel
Umschlagmotiv: © Image Bank Bildagentur GmbH
ISBN 3-451-04950-3

Inhalt

Vorwort von Prof. Dr. W. Roth

Kann ein vor fast hundert Jahren entwickeltes Erziehungskonzept die Lösung der Probleme sein, die wir heute haben? Hat Maria Montessori noch die Bedeutung, die ein solches Buch rechtfertigt?

Um gleich ein Missverständnis auszuräumen: Detlev Vogel referiert nicht die Montessoripädagogik in ihrer historischen Form, und er schlägt ihr Konzept auch nicht uneingeschränkt als Lösung aller Erziehungsprobleme vor. In klarer Sprache und auf dem Hintergrund langjähriger Erfahrung als Familienvater, Montessorilehrer und Fortbildungs- und Hochschuldozent erläutert er Ideen und Praxis so, wie sie heute verwendbar sind – und unbedingt verwendet werden sollten.

Worum geht es?

Gewaltige technische Fortschritte verändern die Gesellschaft und die Lebensbedingungen von uns allen. Die damit im Zusammenhang stehenden Verhaltensweisen der Kinder und Jugendlichen, das Sichtbarwerden von Gewalt und Fremdenfeindlichkeit, von Hyperaktivität, Egoismus und Leistungsverweigerung fordern eine Neuorientierung der Erziehung sowohl in Elternhaus als auch in Kindergarten und Schule. Offensichtlich ist die Art und Weise, wie wir unsere Kinder erziehen, nicht auf diese Veränderungen abgestimmt, sie ist weder zeit- noch kindgemäß.

Viele glauben, in dieser Situation durch strenge Führung oder auch durch eine stärkere Berücksichtigung der technischen Neuerungen im Unterricht die Probleme lösen zu können. Mehr und früherer Computerunterricht sichere die persönliche Karriere und den Standort Deutschland. Dies sind aber keine Konzepte zur Überwindung der Schwierigkeiten, sondern ihr Kern: Die frühen Versuche, unsere Kinder an eine ihnen nicht gemäße Umgebung anzupassen, sie in ein Korsett zu zwängen, hemmen ihre natürliche Lebensenergie und

Kreativität. Das Ergebnis sind „gestörte" Kinder, Verhaltensauffälligkeiten und mangelnde Lernmotivation.

Gestört sind aber nicht die Kinder und Jugendlichen, sondern ihre Lebensbedingungen. Kinder wollen lernen und die Welt entdecken. Was sie dafür brauchen, sind Erwachsene, die ihnen Halt, Orientierung und vor allem Spielräume zum eigenständigen Forschen geben.

Jedes Lebewesen kann sich nur dann entfalten, wenn die für sein Wachstum notwendigen Bedingungen gegeben sind. Blumen lassen sich in der Wüste nicht züchten, vielmehr warten die Samenkörner, bis der Regen fällt. Dies gilt auch für Menschen. Von dieser so schlichten wie wahren Überlegung ließ sich Montessori leiten, als sie abgeschobenen und verwahrlosten Kindern die eigene Gestaltung ihres Wachstumsprozesses durch ihre Materialien ermöglichte. Aus ihrer tiefen Liebe zu Kindern ergab sich die Fähigkeit, die Welt mit ihren Augen zu sehen und zu kreieren, was sie an Entwicklungsbedingungen benötigen. Diese zeitlos gültige Grundhaltung gilt es auf das Hier und Heute zu übertragen.

Vogel zeigt in seinem Buch auf, was diese veränderte Sichtweise der Pädagogik, die das Kind nicht zum Objekt macht, sondern ihm Souveränität und Würde lässt, in Familie, Kindergarten und Schule heute bedeutet. Er gibt ganz konkrete Hilfen, leitet uns an und berichtet aus seinen reichen Erfahrungen, wie wir eine Haltung realisieren können, die neuesten Forschungen in Psychologie und Pädagogik ebenso entspricht, wie alten Weisheiten: Kinder wissen ziemlich genau, was für ihre gesunde Entwicklung notwendig ist und signalisieren dies auch ihrer Umwelt. Das Problem besteht also nicht darin, dass wir Kinder zu wenig anleiten, sie zu wenig in unsere Erwachsenenwelt hinein (er)ziehen, sondern darin, dass wir ihnen zu wenig zuhören, zu wenig hinsehen, nicht „hinfühlen", dass wir ihnen zu wenig Spielraum lassen. Das Problem liegt also nicht bei den Kindern, sondern bei den Erwachsenen und ihrer Ignoranz kindlicher Eigenart gegenüber! Dieses Grundproblem wird sich mit der Abnahme der Kinderzahl in unseren Gesellschaften weiter verschärfen, unsere Welt wird immer mehr eine Erwachsenenwelt werden, in der

Kinder nur dann eine Rolle spielen, wenn sie etwas anstellen, was nach Aufmerksamkeit schreit. Wir haben aber auch die Chance, mit unserem Reichtum ein altes-neues Konzept weiter zu entwickeln, nach dem Kinder sich ihren Fähigkeiten gemäß in Ruhe entwickeln und auf die Erwachsenenwelt durch die Stärkung ihrer vorhandenen Fähigkeiten vorbereiten können.

Dieses Buch, das uns einen Weg weist, wie wir kinderwürdige und effektive Entwicklungsbedingungen heute schaffen können, ein Buch, das die Übersetzung von Montessoris Materialien in die heutige Zeit in dieser Leichtigkeit und dennoch Tiefgründigkeit leistet, ein solches Buch ist dringlicher denn je!

Prof. Dr. Wolfgang Roth, Diplom-Psychologe
Stellvertretender Direktor des Instituts für Psychologie, PH Freiburg

Vorbemerkung

„Ich war kein Lehrer, sondern ein Lerner. Ich wollte
nicht lehren, sondern lernen. Ich hatte Lehrer werden
wollen, um möglichst lange Schüler bleiben zu können."

(Erich Kästner)

Schon während meiner eigenen Zeit auf dem Gymnasium hab ich mich mit der Frage beschäftigt, wie Lernen lebendiger und weniger kopflastig sein könnte. In dieser Zeit, in der politische Schülergruppen jede Woche Flugblätter am Schultor verteilten, engagierte ich mich in einer dieser Gruppen und in der Schülervertretung. Später gründete ich nach dem Vorbild der Uni an meiner Schule eine ‚Basisgruppe'. Der Unterricht selbst war für mich selten sehr wichtig – was Schule für mich interessant und lehrreich machte, waren diese Aktivitäten. Durch diese Möglichkeit des eigenverantwortlichen Tuns, so kurios es mir inhaltlich heute zum Teil auch erscheint, ergab das Schulleben für mich einen Sinn. Nach dem Abitur hatte ich genug von der Theorie, ich wollte das ‚wirkliche Leben' kennen lernen und machte eine Lehre als Tischler. Um 6.30 Uhr heulte die Sirene zum Arbeitsbeginn, ich musste folgen, fegen und lernte ‚Zinken' und ‚Schlitzen'. Aus den rauen Brettern etwas Nützliches und Schönes zu schaffen, befriedigte mich sehr. Nicht nur einmal schlief ich um neun Uhr abends im Kino ein: vor Müdigkeit und Erschöpfung. Nach dieser Übung in Disziplin zog es mich in die Ferne: ich ging drei Monate nach Afrika. Danach arbeitete ich in einem alternativen Ausbildungsprojekt. Dabei ging es auch darum, neue Formen des Lernens und Arbeitens zu erproben: ohne Hierarchie, im Sinne von Gemeinschaft und Gegenseitigkeit. Ich bildete dort Lehrlinge aus und lernte dabei selbst vielleicht am meisten. Nach fünf Jahren spürte ich die Enge, die sich in Gruppen und Teams leicht breitzumachen pflegt – ich verließ Bremen um in Freiburg zu studieren.

Die Hoffnung an der Uni etwas zu finden, was für mich persönlich wie auch für die Entwicklung unserer Gesellschaft wirklich we-

11

sentlich sein könnte, wurde enttäuscht. Ich erwartete *Lehrer* und die Welt des Wissens und fand bürokratische Routine und mit sich selbst beschäftigte Professoren, die ich menschlich nicht als Lehrer annehmen konnte. Immerhin kam ich über die Literatur mit Denkern und Forschern in Kontakt, die meinen Horizont erweiterten: Ethnologen, Soziologen, Philosophen und Erziehungswissenschaftler. Außerhalb der Uni fand ich – Gestalt. Dieser auf den anfänglichen Freud-Schüler Dr. F. S. Perls zurückgehende Ansatz zur Persönlichkeitsentwicklung beruht auf der bewussten Wahrnehmung der äußeren wie auch inneren Welt, das heißt auf der unmittelbaren Erfahrung statt dem ‚Darüber-Reden‘. Meine Gestalt-Ausbildung entpuppte sich dann schnell als das eigentliche Feld, in dem ich lernen und wachsen konnte. Ich lernte Rebeca und Mauricio Wild und die Montessori-Pädagogik kennen und entwickelte eine Vision einer *anderen* Schule. Ich wurde Lehrer an der Montessori-Schule-Niederseeon, wo ich mit meinen Kollegen daran arbeitete, diese gemeinsame Vision Gestalt annehmen zu lassen – mit allen damit verbundenen Freuden und Enttäuschungen.

Die Erfahrungen dort bestätigten mich darin, dass wir vor allem an uns selbst arbeiten müssen, wenn wir wirklich neue Wege mit Kindern gehen wollen, sonst werden wir unweigerlich die Montessori-Pädagogik als Vehikel für unsere unreflektierten Verhaltensmuster benutzen. Montessori selbst hat verlangt, dass Montessori-Lehrer und -Erzieher die eigenen Schwächen erkennen, die ihnen in der Beziehung zum Kind hinderlich sind. Sie betont auch allgemein die Bedeutung der Entwicklung menschlicher Werte wie Gewaltlosigkeit, Liebe und Respekt vor dem Leben, die hinter der enormen technischen Entwicklung hinterherhinke. Montessori sagte aber nicht, *wie* wir als Erwachsene diese Entwicklung fördern können. Der Weg, der mich hier weitergeführt hat, ist die Gestaltarbeit, genauer gesagt, die essentielle Gestaltarbeit, wie Katharina Martin sie lehrt. Durch diese Arbeit unter dem Motto: ‚Erkenne dich selbst!‘ werden innere Entwicklungsprozesse initiiert, die in der pädagogischen Arbeit wie auch im persönlichen Leben vieler Menschen heilsam wirken. Diese Erfahrungen versuche ich heute im Zusammenhang mit vielfältigen Einzelthemen Lehrern, Erziehern und Studenten in Fortbildung, Beratung und Lehre weiterzugeben. So bin ich doch ein Lehrer, aber gleichzeitig und immer noch – ein Lerner!

In der Schilderung und Reflexion meiner Erfahrungen mit dem Montessori-Ansatz geht es mir nicht um eine Darstellung *der* Montessori-Methode. Wir sollten das Werk dieser genialen Frau nicht als ‚Lehre‘, als starres System sehen, sondern als unerschöpfliche Quelle für alle Eltern und pädagogisch Tätigen. Wir sollten den Strom von Montessoris Einsichten, Ideen und Erfahrungen nutzen für die Erweiterung unserer Perspektive, als Ansporn für unsere eigene Kreativität und zur Weitung unserer Herzen, um dadurch der ‚Größe‘ der Kinder besser gerecht werden zu können und zu einer wahrhaft menschlichen Beziehung zu ihnen zu finden.

Montessoris Anliegen:
Dem Leben helfen

„Die menschliche Personalität muss in den Blick
genommen werden und nicht eine
Erziehungsmethode."
(Montessori 1992:121)

Maria Montessori wurde 1870 in der italienischen Provinz Ancona geboren. 1896 schließt sie als erste Frau Italiens ihr Medizinstudium mit dem Doktortitel ab. Nach der Arbeit mit psychisch kranken Kindern und weiteren Studien in Anthropologie, Psychologie und Erziehungsphilosophie erhält sie 1907 den Auftrag in San Lorenzo, einer Armensiedlung am Rande Roms ein Haus für Kinder einzurichten: die erste ‚Casa dei Bambini'. Mit Materialien, die sie in der Arbeit mit geistig behinderten Kindern kennen gelernt und zum Teil entwickelt hat, beginnt sie hier ihr pädagogisches Werk. Später wird sie immer wieder betonen, dass am Anfang ihres Ansatzes keine fertige Theorie stand, sondern ihr Wunsch, diesen Kindern in ihrer Entwicklung zu helfen und ihre Bereitschaft und Fähigkeit, aus der Beobachtung der Kinder zu lernen und Schlüsse zu ziehen. „Nur die unmittelbare Beobachtung der Kinder, deren Freiheit beachtet wurde, hat mir bestimmte Gesetze des inneren Lebens offenbart, von denen ich später entdeckte, dass sie allgemeine Gültigkeit haben (Montessori 1992:54)". 1909 veröffentlichte sie ihr erstes Buch, 1911 eröffnete die erste Schule auf der Basis ihrer Grundsätze. Bis zu ihrem Tod 1952 leitete sie in aller Welt Ausbildungskurse, die wesentlich zur rapiden und nachhaltigen Verbreitung ihrer Ideen beitrugen.

Montessoris Werk besteht einerseits aus dem von ihr entwickelten unvergleichlichen System von Entwicklungsmaterial, das Kindern und Jugendlichen von 3–18 Jahren erlaubt, selbständig und durch konkretes Handeln zu lernen. Noch weitreichender dürfte ihre neue Sicht des Kindes und die daraus folgende grundlegend veränderte Haltung ihm gegenüber sein. Sie sieht das Kind als ein

Wesen, in dem bereits alle Anlagen für eine optimale Entwicklung vorhanden sind und die Entwicklung des Kindes selbst als einen ursprünglichen Lebensprozess, den wir von außen nicht beschleunigen müssen und dürfen. Sie vertraut auf die Selbstbildungskräfte im Kind und im Menschen. Die Aufgabe des Erwachsenen ist dabei die Schaffung einer Umgebung, die die Voraussetzungen für diesen Selbstaufbau enthält und die liebevolle Begleitung im Sinne von ‚hilf mir, es selbst zu tun'. „Es handelt sich also darum, dem Kinde die Möglichkeit zu geben, sich entsprechend den Gesetzen seiner Natur ruhig zu entwickeln. So kräftigt es sich und, stark geworden, wird es mehr tun, als wir von ihm zu hoffen wagten (Montessori 1992:54)". In dieser neuen Ausrichtung geht es nicht um das unmittelbare Erziehen-wollen, sondern um das Zulassen, Annehmen und Begleiten von Lebensprozessen und verborgenen Kräften im Kind. „Wir erziehen uns selber", Lehrer oder Mütter seien nur mit einem bescheidenen Beitrag daran beteiligt, so formulierte es der 99-jährige Philosoph Hans-Georg Gadamer jüngst in einem Vortrag. Unsere Aufgabe besteht besonders in unserer Zeit darin, wirklich mit Kindern zu leben, ihnen unsere Kraft und Aufmerksamkeit zu schenken, in der Gewissheit, dass dies das größte Geschenk an sie und gleichzeitig die beste Vorbereitung auf die umfassenden Herausforderungen ist, die auf unsere Kinder zukommen werden.

Kinder, die in einem Feld aufwachsen, das ihnen Freiheit, die Unterstützung von innerlich wirklich präsenten Erwachsenen und die Möglichkeit bietet, ohne ständige Einmischung experimentieren zu dürfen, haben beste Voraussetzungen, starke, flexible, kreative und selbstbewusste Jugendliche und Erwachsene zu werden. Dies bezieht sich auf die körperliche, mentale und emotionale Ebene und bietet den besten Schutz vor Sucht und Drogen. Montessori spricht aber auch von dem positiven Einfluss, den die Kinder auf uns Erwachsene haben und haben sollen, wenn wir sie über die Pflegephase hinaus betreuen und mit Aufmerksamkeit begleiten (1995:22ff.). Sie fordern und fördern damit unsere besten Seiten, Selbstlosigkeit, Geduld und Güte und sie spiegeln uns gleichzeitig unsere weniger guten Seiten, so dass wir sie erkennen und loslassen können.

In Familie und Kindergarten sind seit Jahren tief greifende Veränderungen im Gange, die auf eine gleichwürdige Beziehung und die Anerkennung der Freiheit und Autonomie des Kindes abzielen. Die Montessori-Pädagogik hat zu diesem Prozess, besonders was die innere Haltung zum Kind angeht, noch viel beizutragen. Die Schule tut sich noch schwerer mit längst überfälligen mutigen Schritten. Es scheint, als würde das erstarrte System von den Rändern her angenagt. In der Hochbegabtenforschung wird der Ruf nach Freiräumen für verschiedene Lernwege und Kreativität im Unterricht immer größer, weil sich besonders Begabte nur darin ihrem Potential gemäß entfalten können. Am anderen Ende fordern Schulverweigerer, die auch in Deutschland längst zu Straßenkindern werden, neue Unterrichtsformen, mit denen zum Beispiel in Freiburg in einer Straßenschule für ausgegrenzte Kinder und Jugendliche mit Unterstützung des Schulamtes experimentiert wird. Der Tenor der bisherigen Erfahrungen: auch Schulverweigerer wollen lernen, sie wollen sich nur nicht den Formen der Regelschule unterordnen. So wird sich das System des lehrerzentrierten, vorstrukturierten Lernens auch im Mittelfeld mehr und mehr auflösen. Es existiert der Vorschlag, eine wirklich neue, zukunftsfähige Schule lieber als *Lernzentrum*[1] zu bezeichnen, um das zugrunde liegende, grundlegend andere Prinzip deutlich zu machen: lernen statt belehren! Das alte Schulsystem passte zu hierarchischen Strukturen in Wirtschaft und Verwaltung, nicht aber zu heutigen Anforderungen wie Eigenverantwortung, Kreativität und Bereitschaft zu lebenslangem Lernen.

Montessori sieht Schule als vorbereitete Umgebung für umfassende Lernprozesse des Kindes. An Hand praktischer Beispiele und Erfahrungen soll im Folgenden gezeigt werden, wie das aussehen kann, in der Schule, aber auch im Kindergarten und in der Familie. Das, was wir unseren Kindern heute mitgeben, entscheidet nicht nur über deren individuelles Zurechtkommen in der Welt von morgen, sondern auch über das Schicksal all der drängenden Probleme, die

---

[1] Vergl. English/Hill, Total Quality Education, Visionen einer Schule der Zukunft, Freiamt 1999

das Leben auf unserem Planeten bedrohen. Wie sähe unser Land aus, wenn wir das gleiche Maß an Energie und Aufwand in die Gestaltung einer kindgerechten Umgebung investieren würden, wie wir es in den letzten 50 Jahren für die Gestaltung einer ,vorbereiteten Umgebung für Autos' getan haben?

Montessori war mehr als eine Pädagogin. Sie engagierte sich für die Rechte der Frauen und sah die Ausbreitung ihres Menschenbildes und ihrer ,Methode' als einen Beitrag zur Entwicklung von Mitmenschlichkeit und Realisierung von menschlichen Werten. Sie erkannte schon vor 50 Jahren, „dass die durch unsere Kultur bewirkten Verhältnisse Hindernisse für die normale Entwicklung des Menschen mit sich bringen (Montessori 1992: 126)". Es ging ihr darum „dem Menschen zu helfen, sein inneres Gleichgewicht, seine seelische Gesundheit und sein Orientierungsvermögen unter den gegenwärtigen Umständen in der äußeren Welt zu bewahren (ebd.)". Sie beschrieb bereits das Missverhältnis zwischen dem Fortschritt auf wissenschaftlich-technischem Gebiet und dem Rückstand in der inneren Entwicklung des Menschen und forderte eine *kosmische Erziehung* (ebd. 127). Diese Gedanken scheinen gerade angesichts der fast vollständigen Genom-Entschlüsselung und anderer Durchbrüche in der Forschung von geradezu unfassbarer Aktualität. Dazu passt, dass ihre pädagogischen Ideen in den letzten Jahren wieder größere Kreise ziehen, so dass es scheint, dass die Zeit erst jetzt reif ist für diesen revolutionären Ansatz.

Ein neues Jahrtausend hat erst begonnen, die Herausforderungen an zukünftige Generationen werden in vieler Hinsicht wachsen: das menschliche Überleben auf unserem Planeten ist zu sichern, die positiven und negativen Folgen der neuen Medien sind zu nutzen und zu bewältigen, das friedliche Zusammenleben der Kulturen ist zu erreichen und Fragen eines werteorientierten und sinnvollen Lebens werden sich mehr denn je stellen. Unser Bildungssystem bereitet seit Generationen vor allem auf den Umgang mit Maschinen vor und ,vergisst' dabei die Entfaltung und Förderung unserer wirklich menschlichen Qualitäten: Mitgefühl, Respekt vor allem Lebendigen, eigenverantwortliches und sinnvolles Handeln, emotionale

Intelligenz. Dies wird von entscheidender Bedeutung für die Zukunft sein, lässt sich aber nicht per Lehrplan unterrichten! Besonders hier weist Montessoris Modell der Freiheit und des erfahrungsbezogenen Lernens einen Weg zu einer Schule der Zukunft.

Von vielen gewohnten Vorstellungen, was Schule betrifft, müssen wir uns allerdings vorher frei machen. Wir alle sind über Generationen durch das traditionelle System geprägt und dadurch in unserer Fähigkeit, wirklich Visionen zu entwickeln sehr eingeschränkt. Die Tragweite der unter anderem auf Montessoris Ideen beruhenden neuen Sichtweise des Kindes ist mit der Emanzipation der Frau zu vergleichen. Noch vor 50 Jahren wurde sie eher als Objekt denn als eigenverantwortliches Subjekt gesehen. Erziehung für die Welt von morgen heißt vor allem, das Kind nicht mehr als Objekt unserer Pädagogik zu sehen, sondern ihm die gleiche Würde und Souveränität zu lassen wie jedem anderen Menschen. In diesem Buch soll es vor allem darum gehen, was diese Worte ganz konkret meinen und bedeuten können: in Familie, Kindergarten und Schule.

Lebensraum Schule: Die aktive Montessori-Schule Niederseeon

Die Wurzeln dieses Projektes gehen bis in das Jahr 1990 zurück. Der Kindergarten einer Elterninitiative in Glonn bei München entschied sich auf Initiative ihrer neuen Leiterin dafür, aus ihrem Kindergarten einen freien und aktiven Montessori-Kindergarten zu machen. Inspiriert waren sie dabei außer durch Ideen Maria Montessoris vor allem von Vorträgen, Seminaren und Büchern von Rebeca und Mauricio Wild, die darin über das von ihnen gegründete Schul- und Kindergartenprojekt in Ecuador berichteten. Hier schienen zwei Menschen mit ihrem vollen Einsatz und mit ihrer ganzen Authentizität einen wirklich neuen Weg mit Kindern zu beschreiten. Der Kindergarten in Glonn begann mit viel Engagement und Beteiligung der Eltern von nun an, den Kindern möglichst viel Raum für eigene Initiative, Aktivität und Kreativität zu geben, Grenzen dann klar und deutlich zu setzen, wenn es die Situation wirklich verlangte und die Kinder nicht mehr mit vorgegebenen Basteleien und Ähnlichem zu beschäftigen. Aus den hierbei gemachten positiven Erfahrungen reifte bei der Leiterin ebenso wie bei einer Gruppe von Eltern der Wunsch, das tiefe Anliegen und letztlich der Entschluss, nach den gleichen Grundsätzen eine Schule aufzubauen. Das heißt auch für Schulkinder einen *Lebensraum* zu schaffen, der ihrem Tätigkeitsdrang, ihrem natürlichen Wissensdurst und ihrem Bewegungsbedürfnis gerecht werden sollte. Es folgte eine arbeitsintensive Zeit der Planung und Vorbereitung: Ein Konzept musste erarbeitet und zur Genehmigung bei der Regierung eingereicht werden, geeignete Räume mussten gesucht und hergerichtet werden, zuletzt waren Regale und ein Teil des Materials für die vorbereitete Umgebung selbst herzustellen. Zum Schuljahr 1993/94 öffnete dann die freie und aktive Montessori-Schule Taglaching (erst im folgenden Jahr erfolgte der Umzug nach Niederseeon) ihre Türen. Ich selbst

Montessori-Kindergarten und -Schule Niederseeon

kam 1994 als Lehrer dazu, und arbeitete mehrere Jahre am organisatorischen Aufbau und der pädagogischen Ausgestaltung der Schule mit. Die Beschreibung des Lebensraumes Schule und die zitierten konkreten Situationen beziehen sich also meistens auf meine dort gemachten Erfahrungen. Mit dem auf dem gleichen Anwesen gelegenen Kindergarten haben wir eng kooperiert, mitunter gegenseitig hospitiert und unsere Erfahrungen in gemeinsamen Besprechungen ausgetauscht. Nicht zuletzt habe ich auf Beispiele und Anregungen aus zahlreichen Fortbildungen mit Eltern, ErzieherInnen und LehrerInnen zurückgegriffen, die ich seit mehreren Jahren anbiete. Ihnen allen, wie auch den ehemaligen Kollegen und der Initiatorin und derzeitigen Projektleiterin der Montessori-Schule Niederseeon, Gabi Stephan, sei an dieser Stelle herzlich gedankt.

Die Montessori-Schule Niederseeon ist inzwischen sehr gewachsen. Waren es bei meinem Abschied etwa 80 Schülerinnen und Schüler von der 1. bis zur 4. Klasse, so ist die Schülerzahl inzwischen auf über 150 von der 1. bis zur 8. Jahrgangsstufe gestiegen. In der Zwischenzeit wurde ein Neubau für die Sekundarstufe errichtet, auch ist das Lehrerkollegium sehr gewachsen. Das weitere Wachstum, viele Diskussionen und das Lernen aus eigener Erfahrung haben immer wieder Veränderungen mit sich gebracht. In diesem stetigen Wachstums- und Wandlungsprozess bildeten und bilden sich neue Strukturen heraus. Wenn wir Schulen als lernende Systeme begreifen, ist klar, dass sie sich verändern und wandeln. An der grundsätzlichen Ausrichtung dieses Ortes in Niederseeon hat sich jedoch nichts geändert: Kindern und Jugendlichen einen Platz zur Verfügung zu stellen, an dem sie aus eigenem Antrieb, auf Grund ihres „inneren Lehrplans" und in erster Linie durch eigenes Entdecken und Handeln lernen und leben können. Den Erwachsenen kommt dabei die Aufgabe zu, den Kindern Anregungen, Material, Aufgaben und Anforderungen zu geben und sie voller Respekt und Achtung bei der Auseinandersetzung damit zu begleiten.

Prinzipien von Montessori-Pädagogik und aktiver Erziehung

Wenn wir uns auf die Suche nach neuen Wegen mit Kindern machen, kann uns die Montessori-Pädagogik richtungsweisende Impulse geben. Es geht dabei weniger um Fragen der Schuldidaktik, als um einen wirklich von Grund auf neuen Weg. Montessoris Beitrag ist einzigartig, weil sie wie kein anderer ihre neue Sicht vom Kind und ihren daraus resultierenden Ansatz in einen größeren, auch geistigen Zusammenhang stellt, der unser ‚Menschsein' als solches berührt. Ansätze der aktiven und nicht-direktiven Erziehung ergänzen ihr Modell und fließen in die folgende Darstellung immer wieder ein.

Führung und Antrieb von Innen

> „Wir müssen absolute und vollständige Freiheit
> erlangen, so dass alles, was wir tun, jede unserer
> Handlungen – ja sogar jeder unserer Gedanken –
> seinen Ursprung in uns selbst hat und wir auf diese
> Weise die Möglichkeit erhalten, aus uns selbst
> heraus zu leben und großzügig zu geben, und zwar
> nur aus unserem eigenen Antrieb heraus."
> (Edward Bach, in J. Barnard 1989:222)

Was Edward Bach, der Entdecker der Bach-Blüten hier als Ziel in der Persönlichkeitsentwicklung des Erwachsenen formuliert, ist eine Qualität, mit der Kinder bereits auf die Welt kommen. Wenn wir Kindern die entsprechenden Voraussetzungen schaffen, leben sie ‚aus eigenem Antrieb aus sich selbst heraus'. Das Vertrauen auf diese innere Kraft bildet den Kern der Montessori-Pädagogik.

Stellen wir uns einen gewöhnlichen Nachmittag in der Familie vor. Außer den eigenen sind noch zwei weitere Kinder im Haus bzw. drumherum. Es bilden sich Gruppen nach Alter oder Interesse, einige zieht es nach dem langen Schulvormittag nach draußen, zwei Kinder bleiben im Haus und arbeiten an einem ‚Blumenbuch' weiter, das sie vor längerer Zeit nach eigenen Ideen angefangen haben selbst herzustellen. Sie zeichnen Wiesenblumen ab und beschriften und erläutern die Blumen. Nach einer guten Stunde scheinen andere Bedürfnisse in den Vordergrund zu drängen. Sie werden unkonzentrierter und fangen an herumzualbern, holen sich etwas zu trinken, bis sie endlich auch hinausgehen und für eine Zeit ausgiebig schaukeln. Dabei unterhalten sie sich und sammeln neue Ideen, was sie noch machen könnten.

„Was ist es nun, das all dieses Treiben reguliert, und wie gelangt ein kleines Kind zu der Entscheidung, was es tun soll, wie lange es bei einer Tätigkeit bleibt, mit wem es sich anfreundet, ob es Hilfe wünscht oder seine Schwierigkeiten lieber alleine löst, oder ob es sogar vorläufig überhaupt nichts unternimmt, sondern lieber die anderen bei ihrem Tun beobachtet? In einer vorbereiteten Umgebung, die zwar viele Anreize bietet, aber in der die Erwachsenen keinen Druck ausüben, tritt erstaunlich klar hervor, dass jedes Kind, das nicht vorher durch falsche Behandlung allzu sehr gestört worden ist, eine deutliche innere Führung besitzt (Wild 1986:40) " Montessori hat entdeckt, dass das selbständige Handeln des Kindes nicht zufällig und willkürlich ist, sondern einem inneren Plan, den sie den „inneren Bauplan" genannt hat, folgt.

So wie die körperliche Reifung des Kindes ein biologischer Prozess ist, den wir von außen nicht forcieren sollten, so wie die Entwicklung des Bewegungsapparates ihren eigenen Gesetzen unterliegt, die wir respektieren sollten, so folgt auch die Entwicklung der Intelligenz und der Gesamtpersönlichkeit des Kindes einem inneren Plan. Eine Blume holt sich aus der Erde die Nährstoffe, die sie zu ihrem Aufbau, zu ihrer bestmöglichen Entwicklung benötigt. Andere Stoffe, die vielleicht der Boden bietet, sie aber nicht braucht, nimmt sie nicht auf. Die Pflanze ‚weiß‘, was sie verdauen kann. Allerdings kann sich jede Blume immer nur so gut entwickeln, wie es die Umgebung, der Boden zulässt. In einem armen Boden kann sich eine Rose nicht ihrem Potential gemäß entfalten. Unsere Aufgabe besteht also darin, den Boden entsprechend zu bereiten und die junge Pflanze vor Kälte und Sturm zu schützen. Wenn wir Kindern diese Voraussetzungen schaffen und die Autonomie des Kindes respektieren, handelt, ja lebt das Kind aus diesem inneren Fluss heraus. Wenn Kinder spielen und wir uns dabei im Hintergrund halten, können wir vielleicht eine Ahnung von dieser Qualität, dieser urkindlichen Art zu Sein bekommen: Ideen entstehen, werden umgesetzt und abgeändert, vielleicht bricht die Tätigkeit abrupt zugunsten einer anderen Aktivität ab, Phasen der Konzentration wechseln ab mit Zeiten der grobmotorischen Bewegung, Momente des Alleinseins folgen auf Phasen sozialer Interaktion… In diesem Lebensfluss, wenn wir ihn als Erwachsene denn erkennen und ihm den nötigen Raum geben, lebt das Kind. Wenn es einen entsprechenden Rahmen bekommt, das heißt eine vielfältig vorbereitete Umgebung, *lernen* Kinder auch aus diesem Fluss heraus – aus eigenem Antrieb und nach Maßgabe der inneren Führung. Unsere Anregungen und Anforderungen als Erwachsene bilden dabei einen Teil der vorbereiteten Umgebung, auf den das Kind auf seine Weise reagieren kann. Sobald wir jedoch versuchen, diesen Fluss zu kontrollieren, sobald wir bestimmen wollen ohne mit dem Kind im Dialog zu sein, verhindern wir das Wechselspiel aus Anregung, Anforderung und der individuellen Reaktion des Kindes darauf und stören dadurch den natürlichen Lebensprozess. „Eine Lehrerin vermag niemals zu sagen: Dies Kind braucht diese oder jene Arbeit, um Kraft zu gewinnen. Gerade das liegt jenseits jeden Erkenntnisvermögens. Nur die Stimme des Lebens selbst kann die Arbeit wählen, deren das Kind wirklich bedarf. Es genügt, dass die Lehrerin dieses Geheimnis der Arbeit achtet und vertrauensvoll warten kann (Montessori 1992:51).“ Selbstverständlich hat dieser freie Raum Grenzen. Es gibt Regeln, auch Anforderungen und Aufgaben, mit denen wir als Erwachsene die Kinder konfrontieren. Entscheidend ist dabei das ‚wie‘. Überrollen wir sie damit, oder lassen wir ihnen so viel Spielraum, dass die Kinder darauf reagieren können, ohne sich selbst zu übergehen?

Montessori spricht von Naturgesetzen, auf die die Erziehung aufbauen müsse. „Wer kann uns denn die natürlichen Wege, auf denen sich das psychische Wachstum des menschlichen Individuums vollzieht offenbaren, wenn nicht das Kind selbst, sofern es in Verhältnisse gebracht wird, die es ihm möglich machen, sich zu offenbaren? Unser erster Lehrmeister wird also das Kind selbst sein oder, besser noch: der Lebensdrang mit den kosmischen Gesetzen, die es unbewusst leiten (Montessori 1992:135)." Das bedeutet, dass wir bereits dem Kind eine Kompetenz und Autonomie zugestehen. Nicht wir entscheiden nach unseren Bedürfnissen bzw. nach unserem Ermessen, wann und was es spielen und lernen soll. Die Anforderungen der Gesellschaft im Sinne von Prüfungen und Ähnliches müssen wir deshalb nicht ignorieren. Wir müssen sie aber nicht zur Richtschnur der Erziehung und des Lernprozesses machen. Wenn wir das versuchen, behindern und schwächen wir die Entwicklung von innen heraus, die dem Menschen letztlich seine Standfestigkeit verleiht. Das Kind mit seinen Entwicklungsbedürfnissen steht im Mittelpunkt. Die meisten unserer Verhaltens- und Reaktionsmuster, die unser Leben weitgehend prägen, eignen wir uns in der Kindheit an. Lernt das Kind also, sein Leben lang abhängig zu sein von den Anweisungen und Ratschlägen anderer oder gewöhnt es sich daran, selbst zu handeln, selbst zu entscheiden und damit auch Verantwortung für sein Leben zu übernehmen?

‚Dem Leben helfen' bedeutet, mit den Kräften und Gesetzmäßigkeiten eines lebendigen Organismus – des Kindes – in Harmonie zusammenzuarbeiten. Wir sollten die Entwicklungsbedürfnisse des Kindes respektieren und den äußerlichen Resultaten weniger Bedeutung beimessen als dem Freisetzen von Energien, die von innen heraus zur Entfaltung drängen. Für Montessori hat diese innere Kraft, die sie mitunter auch ‚elan vitale', also Lebenskraft nennt, ganz deutlich auch einen religiösen Aspekt. Sie spricht davon, dass das Kind von Geburt an eine Kraft in sich hat: „Wir dürfen nicht nur das Kind sehen, sondern Gott in ihm. Wir müssen die Gesetze der Schöpfung in ihm achten (Montessori 1988:17/18)."

Diese Kraft gibt dem Kind nicht nur eine innere Orientierung, sie treibt es auch zur eigenen bestmöglichen Entwicklung an. Ein Kind, das in seinen Bedürfnissen respektiert wird und in einer entspannten und anregenden Umgebung lebt, brauchen wir nicht zum Lernen motivieren. Kinder kommen mit einem inneren Antrieb, die Welt zu entdecken, zu verstehen und zu handhaben auf die Welt. Ich erinnere mich noch genau an das Bild, als meine erste Tochter ihre ersten Kriechversuche machte. Sie hockte auf dem Fußboden, fixierte mit den Augen einen bestimmten Gegenstand, setzte die Hände auf den Boden und setzte sich unter sichtbarer Anstrengung in Bewegung. Dieser Anblick faszinierte mich schon damals und ich fragte mich, welche Kraft sie in diesem Moment wohl angetrieben haben mochte. Sie hätte zufrieden an ihrem Platz bleiben können, sich einen anderen Gegenstand, der vielleicht näher lag nehmen können, ... Sie aber brachte viel Energie auf, um ihre Neugier, die Welt in all ihren Facetten zu erkunden, zu befriedigen. Mich hat dieser Anblick zutiefst berührt – das Wirken der verborgenen Lebenskraft.

Die „mechanistische Psychologie", wie Montessori es nennt (1987: 70) berücksichtigt in ihren Modellen von Entwicklung und Intelligenz diesen Aspekt nicht. Sie versteht unter Entwicklung die „Summe der Lernprozesse (Aebli 1969: 189)". „Psychische Entwicklung wird hier also – in weit gehender Abhebung von endogenen (innengesteuerten) Entfaltungsprozessen – als *Resultat kumulierter Interaktions- und Lernprozesse* gesehen (Rüdiger, D. 1977: 98)." Entwicklung wird als ein Prozess gesehen, der überwiegend von äußeren Faktoren abhängt, die menschliche Entwicklung ist in diesem Modell Resultat von Lernprozessen und Umwelt-Prägungen. Entsprechend groß ist bei dieser Vorstellung die Notwendigkeit, das Kind zu steuern und zu lenken, da es diese Fähigkeit aus sich heraus – aus dieser Sicht – nicht besitzt. Tatsächlich geht es aber um einen dialogischen Prozess zwischen Kind und Erwachsenem. Die Verwirklichung des ‚inneren Bauplans' ist nie eine Einbahnstraße, sondern immer ein lebendiges Wechselspiel zwischen äußeren Einflüssen und innerer Führung. Es geht vor allem darum, anstatt Druck auszuüben, unsere Erwartungen klar und ‚in Kontakt‘ mit dem Kind auszudrücken.

Montessori und mit ihr Piaget und Rebeca Wild betonen den Aspekt der biologischen Reifung. Die Entwicklung der Intelligenz durchläuft verschiedene Stadien und die sind – wie neuere Studien der Neurobiologie belegen – auch biologisch bedingt. Wenn gewisse Gehirnstrukturen noch nicht ausgebildet sind, können auch äußere Einflüsse, zum Beispiel die ausgeklügeltsten didaktischen Programme ein echtes Verständnis des Lerninhaltes nicht bewirken. Die Entdeckung der ‚sensiblen Perioden‘ war ein Meilenstein auf dem Weg von Maria Montessori. Wir können diese Perioden bei unseren Kindern beobachten: Über einen Zeitraum von mehreren Wochen zeigt ein sechsjähriger Junge intensives Interesse und Freude an Pflanzen: ihr Aufbau, ihre Form, ihr Duft. Er hat in der Natur oder im Garten plötzlich einen Blick dafür, der uns vorher noch gar nicht aufgefallen war. Jetzt ist er offen für dieses Thema und saugt alle Informationen, Namen und Merkmale der Pflanzen gleichsam auf. Ein dreieinhalbjähriges Mädchen fängt an sich für Buchstaben zu interessieren. Überall in ihrer Umgebung nimmt sie die Formen der Buchstaben wahr: Wenn auf dem Boden liegende Stifte zufällig ein ‚A‘ bilden, bemerkt sie das genauso wie ein ‚V‘, das sie nun in einer Astgabel erkennt. Diese Phasen sind von innen gesteuert und nicht *unmittelbar* von uns beeinflussbar, dennoch brauchen sie Anregung und reagieren auf äußere Bedingungen. Durch die Gestaltung der Umgebung des Kindes, durch unser Verhalten, unsere Erwartungen und Reaktionen nehmen wir in jedem Fall Einfluss auf die Entwicklung des Kindes. Dabei geht es zuallererst darum, das Kind in seinem ‚So-sein‘ wahrzunehmen und zu achten, um ihm dann durch die Gestaltung der vorbereiteten Umgebung, durch Aufgaben und Grenzen, Entwicklungsschritte zu ermöglichen.

Für verschiedene wissenschaftliche Richtungen und Disziplinen sind Autonomie, Selbstregulation und Selbstorganisation zentrale Begriffe. Der Gestaltpsychologe Max Wertheimer beschrieb die Grundlage aller lebendigen Prozesse als „Von innen her bestimmt (nach Portele 1992:32)“. Die Neurobiologen Maturana und Varela bezeichnen Autonomie und Selbstorganisation als Grundlage aller Lebensprozesse (1979). Die Gestalttherapie als Teil der humanistischen Psychologie spricht von „organismischer Selbstregulation (Perls)". Mit Blick auf die zu erwartenden gesellschaftlichen Entwicklungen wird es immer wichtiger werden, dass wir uns nicht nach äußeren Erwartungen, Anordnungen und festen Verhaltensmustern richten, sondern uns in die Lage versetzen, flexibel auf äußere Anforderungen und Veränderungen zu reagieren. Dies ist aber nur möglich, wenn wir in uns einen festen Stand haben, einen Bezug zu unserer inneren Führung.

Die freie Wahl

> *„Ich lasse die Kinder also grundsätzlich selbständig forschen und entdecken. Ich lasse sie frei experimentieren, aber nicht wahllos tun, was ihnen gerade einfällt."*
>
> *(Hengstenberg 1991:17)*

Die freie Wahl der Tätigkeit steht im Mittelpunkt des Montessori-Ansatzes. Dieses Prinzip ergibt sich aus dem Wesen des kindlichen Lernens, welches nur in Freiheit wirkliches Lernen ist. Der Entwicklungspsychologe Jean Piaget betont den Zusammenhang zwischen Freiheit beim Lernen und der moralischen Erziehung: „Zum anderen zeigt sich, dass man die Menschen, da Bildung ein unauflösliches Ganzes darstellt, nicht zu moralisch selbständigen Persönlichkeiten erziehen kann, wenn man sie gleichzeitig einem geistigen Zwang unterwirft, sie also beispielsweise nötigt, nur das zu lernen, was man ihnen vorschreibt, ohne die Gelegenheit zu geben, selbst hinter die Wahrheit zu kommen…(1975:46)." In Montessori-Einrichtungen beginnt der Vormittag mit ‚Freiarbeit'. Die Kinder arbeiten also selbständig an Themen, Aufgaben und Tätigkeiten, die sie selbst gewählt haben. Der Gruppen- bzw. Klassenraum ist entsprechend vorbereitet, das heißt mit vielfältigen Materialien und Aktivitätsmöglichkeiten ausgestattet. Wenn die Kinder am Morgen in den

Gruppenraum kommen, wissen sie zum Teil genau, was sie tun wollen, andere müssen innerlich erst noch ankommen.

Mona aus der zweiten Klasse begibt sich zielgerichtet an den Mal- und Basteltisch, wo sie anfängt, ein Bild zu malen. Langsam füllt sich der Raum und andere Kinder gesellen sich zu Mona. Manche sitzen eine Zeit da, um nur zu schauen, andere haben sich auch Papier und Stifte geholt und unterhalten sich dabei angeregt. Leonard aus der ersten Klasse nimmt sich die Sandpapier-Buchstaben und ein Buchstaben-Arbeitsblatt ‚K' an einen anderen Tisch. Dort sucht er sich das Sandpapier-‚K' heraus und fährt es mit den Fingern nach. Danach befasst er sich mit dem Arbeitsblatt. Die Mädchen-Gruppe hat sich inzwischen verändert. Mona hatte ihr Bild fertig und hat sich danach das Multiplikationsbrett geholt, andere haben beschlossen, in der Küche ein Rezept auszuprobieren, das eines der Mädchen von Zuhause mitgebracht hat.

Maria Montessori sprach immer wieder davon, dass die Freiheit des Kindes aufgebaut werden müsse, dass Kinder ihre Fähigkeit zur Freiheit erst erwerben müssen, auch wenn sie schon mit ihrem inneren Bauplan auf die Welt kommen. „Die freie Wahl ist die höchste Tätigkeit: Nur das Kind, das weiß, was es benötigt, um sich zu üben und sein geistiges Leben zu entwickeln, kann wirklich frei auswählen. Man kann von keiner freien Wahl sprechen, wenn jeder äußere Gegenstand gleichermaßen das Kind lockt und wenn dieses aufgrund mangelnder Willenskraft jedem Anruf folgt und rastlos von einem Ding zum anderen übergeht. Das ist die wichtigste Unterscheidung zu der die Lehrerin fähig sein muss (Montessori 1972: 244/245)". ... und gleichzeitig die schwierigste, könnte man hinzufügen. In der Tat sind wir heute mit dieser Fragestellung noch viel mehr und viel drängender konfrontiert, als dies zu Lebzeiten Montessoris der Fall war. Die Überreizung und Verplanung und andererseits die emotionale Verarmung vieler Kinder hat ganz andere Ausmaße angenommen.

Wie gehen wir mit Kindern um, die unruhig von Tätigkeitsbereich zu Tätigkeitsbereich sausen, ohne wirklich Kontakt mit einem Gegenstand oder einer Aktivität aufzunehmen, die nur selten zu Konzentration fähig und so laut und hektisch sind, dass sie andere Kinder bei ihrer Arbeit stören? Wie helfen wir den Kindern, die aus welchen Gründen auch immer, von sich aus zu wenig an ihrer Schrift oder den Grundrechenarten arbeiten? Sicher brauchen sie Anleitung, eine Hilfe, die sie langsam dazu befähigt, mit der Freiheit umzugehen und selbständig zu handeln. Ich erinnere mich an Moritz, der offensichtlich sehr intelligent war, der immer wieder durch seine Kreativität und seinen Einfallsreichtum auffiel. Er konnte in der dritten Klassenstufe schreiben und rechnen, war aber sehr wenig an den Umgang mit strukturierten Aufgaben gewöhnt und seine Rechtschreibkenntnisse waren noch eher bruchstückhaft. Wir hatten am Anfang des dritten Schuljahres ein so genanntes Pensenheft eingeführt, in dem alle notwendigen Aufgabentypen aufgeführt waren und von den Kindern im eigenen Tempo durchgearbeitet wurden. Moritz weigerte sich lange Zeit hartnäckig, dieser Aufgabe nachzukommen, es sei langweilig, weil er das alles schon könne. Wir haben das immer wieder mit ihm besprochen, seinen Standpunkt ernst genommen, aber auch auf unserer Aufgabe beharrt. Wir haben gemeinsam mit ihm überlegt, welche Abmachung es ihm erleichtern würde und schließlich mit seinem zögernden Einverständnis festgelegt, dass er jeden Morgen als erstes an seine Aufgaben geht, bevor er sich nach anderen Aktivitäten umsieht. Seit dieser Festlegung setzte er sich – meist von sich aus – jeden Morgen an die Arbeit und wirkte dabei häufig vertieft, ruhig und zufrieden. Ähnliche Abmachungen haben wir auch mit anderen Kindern getroffen, die offensichtlich noch nicht in der Lage waren, mit der Freiheit umzugehen. Möglicherweise geht es auch gar nicht in jedem Fall darum, dass Kinder zwischen Mathe, Deutsch, Werkstatt, Küche und Außengelände wählen können, als vielmehr um die Qualität, mit der dem ‚Ich' des Kindes das ‚Du' des Erwachsenen gegenübertritt, wenn er Anforderungen und Erwartungen stellt.

Entscheidend ist der dialogische Charakter des Prozesses, dass die Vitalität und feine Struktur des Kindes nicht durch ein starres Lernprogramm niedergewalzt wird. Wenn sich ein Kind gesehen und respektiert fühlt, kann es sich auch auf etwas einlassen, was es zunächst nicht will, wenn es sich aber gezwungen fühlt und nur gehorcht, weil es Druck und Sanktionen befürchtet, bewirkt dies Widerstand auch gegen den *Lerninhalt* – wem von uns sind nicht einzelne Schulfächer besonders verhasst, weil wir dort diesen Druck gespürt haben?

Kinder lernen anders

> „... *nach allem was wir heute aus der Neurobiologie wissen, sind die Kinder in der Schule ohnehin viel zu passiv. Ihnen wird Wissen vorgetragen; dabei lernt das Hirn viel besser, wenn es sich die Informationen selbst zusammensucht und dabei Probleme überwinden muss.*"
>
> (Terrence Sejnowski, Hirnforscher, in ,Die Zeit' v. 8. 6. 2000)

Denken und Lernen

In der Schule wird eine bestimmte Art des Denkens und Lernens gefordert und gefördert. Verschiedene Strömungen in Wissenschaft und Philosophie stellen jedoch unser gewohntes Bild vom Denken und Wissen in Frage. Traditionell werden Denkvorgang und Wirklichkeit als etwas klar unterscheidbares gesehen. Das Denken ist demnach ein Abbild der konkreten Wirklichkeit. Wir können, so nahm man an, durch genaue Forschung ein immer genaueres Bild der Realität erhalten. Aus der Sicht neuer Forschungen und Forschungsrichtungen (Gestaltpsychologie, Konstruktivismus, Neurobiologie, Maturana/Varela) spiegeln unsere naturwissenschaftlichen

31

Forschungen jedoch eher unsere Art zu Denken als dass sie ein objektives Abbild der Realität sind. „Die Naturgesetze, wie sie heute gelehrt werden, sind eine Form unseres Denkens und darum so sehr Denkgewohnheit, dass wir uns gar nicht mehr fragen, was sie wirklich bedeuten. Die Wissenschaft entdeckt nicht Naturgesetze, sondern eher die Gesetze der menschlichen Natur (Feldenkrais, 1987: 62)", so der Atomphysiker und Neuropsychologe Moshe Feldenkrais, heute bekannter als Schöpfer der Feldenkraismethode der körperlichen Integration. Unser wissenschaftliches Denksystem ist Bestandteil unserer (westlichen) Kultur, gilt als unhinterfragbar – besonders für Kinder. Ihre Einwände, ihre Interpretationen nehmen wir meist nicht sehr ernst, wenn wir uns nicht sogar darüber lustig machen. In der Schule und nicht nur dort wird den Kindern unser Denksystem als Wahrheit präsentiert, und wer sich damit schwer tut, bekommt in vielen Fällen Schwierigkeiten, denn natürlich bezieht sich jede schulische Bewertung auf die Fähigkeit, diesem Denksystem zu folgen. Noch einmal Feldenkrais: „Denkt man zum Beispiel an Musiker, Maler, Dichter, aber auch an die Bereiche des Denkens, des Fühlens, des Liebens überhaupt, so möchte man meinen, Männer wie Bach und Beethoven, Michelangelo und Picasso, Tolstoj und Joyce, Shakespeare und Kafka, Einstein und Wittgenstein, Dante und Geothe hätten kein anderes Naturgesetz entdeckt als das ihres eigenen Denkens und Fühlens. Sie haben nicht angewendet, was man sie gelehrt hatte und was als ‚richtig' galt, sondern eigene, persönliche Verfahrensweisen entwickelt (ebd.: 61/62)".

Es gibt Alternativen zu unserem linearen Denksystem. Reinhard Fuhr spricht von zirkulärem, selbstreflexivem Denken als einem neuen Modell. Dabei stehen sich Wirklichkeit und Denken nicht als etwas Getrenntes gegenüber, sondern erscheinen als zwei Elemente in einem umfassenden System. Die Forschung ist demnach kein neutraler Beobachter sondern verändert die Wirklichkeit schon durch ihre bloße Existenz. Jedes Subjekt, also der Mensch, lebt nicht in einer als objektiv gegebenen Welt, sondern konstruiert sich gleichsam die Welt, in der er lebt durch seine Art der Wahrnehmung, durch seine Deutungsmuster und Denkstrukturen. Das zirkuläre

Denkmodell bezieht diese Wechselwirkungen mit ein (unter anderem Fuhr/Gremmler-Fuhr 1988: 70 ff.).

Viele der Dinge, die wir heute vielleicht in voller Überzeugung unseren Kindern vermitteln, werden sich vielleicht als sehr relativ oder einseitig herausstellen. Wir sollten uns von der Vorstellung verabschieden, dass es nur eine Art zu denken und eine Art zu lernen gibt. So wie Feldenkrais davon spricht, dass Genies und Künstler im Grunde nur ihrer Art zu Denken und Fühlen treu geblieben sind – meist wahrscheinlich *trotz* Schule – so gibt es mittlerweile Forschungen über verschiedene Arten von Intelligenz, von denen die in der Schule bevorzugte sprachliche und logisch-mathematische nur ein kleiner Teil sind (Gardner 1998: 64 ff.). Vielleicht hilft uns dieser Exkurs ein wenig, unseren Kindern mehr Spielraum für ihre individuellen, für uns zum Teil schwer nachvollziehbaren, Lern- und Denkwege zuzugestehen.

Montessori-Lernen durch spontane Aktivität

Florian kam heute wie jeden Morgen noch sehr still, fast etwas verschlafen in seinen Gruppenraum. Er war jetzt seit einem knappen halben Jahr in der zweiten Klasse. Er begrüßte den Lehrer und ging als erstes zielstrebig in die Spielecke, wo er sich am Morgen häufig mit einigen seiner Klassenkameraden traf. Es gab dort Holzklötze, Tiere, Figuren und anderes zum Gestalten von Szenen, Landschaften, Häusern usw. Während sie mit den Tieren hantierten, hatten sie sich auch immer viel zu erzählen: Erlebnisse vom vorigen Nachmittag, Neuigkeiten, die man im Schulbus aufgeschnappt hatte, usw. In dieser Montessori-Schule ist es erlaubt, ja es ist selbstverständlich, dass Kinder während der Unterrichtszeit spielen, nicht nur zum ‚Erholen‘, sondern als Tätigkeit, die für Grundschulkinder und ihre Entwicklung ebenso ernst genommen und als wichtig erachtet wird, wie die ‚schulischen Themen‘. An diesem Morgen aber hielt es Florian nicht länger als 15 Minuten bei seinen Freunden. Er stand auf, ging im Raum umher und schaute in den Regalen, offenbar, weil er nach einer anderen Aktivitätsmöglichkeit suchte. Am Vortag hatte er

– nicht zum ersten Mal – mit dem ‚Goldenen Perlenmaterial' gearbeitet und von seinem Lehrer eine Einführung in die Multiplikation damit erhalten. Er hatte das Prinzip – verkürzt ausgedrückt: drei gleich große Mengen von Perlen auf je einem Tablett werden zusammengetan und abgezählt – sehr schnell erfasst und selbständig mehrere Rechnungen auf diese Weise durchgeführt. Im Anschluss daran hatte er gesehen, wie eine Mitschülerin eine *Darbietung* erhalten hatte, wobei die Zahlen von 1–20 mit Karten ausgelegt werden, daneben die jeweiligen Perlenmengen. Florian erinnerte sich während des Umschauens offenbar an den Vortag und schien eine Idee zu haben. Plötzlich steuerte er recht zielstrebig auf das Regal mit dem Goldenen Perlenmaterial zu und holte sich die entsprechenden Tabletts mit Einern, Zehner-Stangen, Hunderter-Platten und Tausender-Würfeln. Er holte sich einen ‚Arbeitsteppich' und dazu noch ein Kästchen mit dem so genannten Kartensatz, mit dessen Karten alle Zahlen von 1–9999 gelegt werden können. Florian merkte, dass sein Lehrer ihn sah, drehte sich zu ihm und sagte: „Ich leg jetzt alle Karten aus mit den Perlen dazu!" Als Antwort erhielt er ein bestätigendes Kopfnicken und er wandte sich wieder seinem Tun zu. Er holte die Karten 1–9 aus einem der Kästchen und legte sie untereinander auf den Teppich, so wie er es gestern gesehen hatte. Neben die 1 legte er nun eine Perle, neben die 2 zwei, neben die 3 drei Perlen usw. Daneben platzierte er die ‚Zehner-Karten', also von 10–90. Wieder ordnete er jeweils die entsprechende Menge an Zehner-Stangen zu. Zwischendurch hielt er manchmal kurz inne, schaute sich um, um dann ohne weitere Reaktion weiterzuarbeiten. In der nächsten Reihe waren die Hunderter dran. Als er zu den Tausendern übergehen wollte, merkte er, dass diese nicht mehr auf seinen Teppich passen würden und holte einen neuen. Er musste nun anfangen, Türme zu bauen, zwei Tausender-Klötze zur 2000, dann drei, vier usw. Zu einem Materialsatz, von dem jeweils nur einer pro Klasse vorhanden ist, gehören 10 dieser Tausender, bei der 4000 ging der Vorrat also schon zur Neige. Er schaute sich um, auf der Suche nach seinem Lehrer, der aber seinen Platz verlassen hatte, um einer anderen Schülerin zu helfen. Er ging hin, musste warten,

Florian arbeitet mit dem ‚Goldenen Perlenmaterial'

bis die zwei fertig waren, und sagte: „Ich brauche mehr Tausender!"
Die Antwort, dass er im Nachbarraum fragen und eventuell welche
ausleihen könne, schien er erwartet zu haben, da er sofort loszischte,
um welche zu holen. Mittlerweile standen zwei Mitschüler neben
Florians Teppichen und betrachteten sein eindrucksvolles Werk. Er
schien im Laufe der Zeit ganz in sein Tun zu versinken, die Intensität
seiner Tätigkeit und Konzentration waren förmlich spürbar und
zogen wohl auch die anderen Kinder an. Fragen und Kommentare
beantwortete er sehr knapp, er wollte seine Arbeit vollenden. Er
musste noch zwei weitere Tabletts mit Tausender-Würfeln aus anderen Räumen holen, wobei er in einem Fall warten musste, bis ein
anderes Kind mit seiner Arbeit fertig war, bis er schließlich auch den
‚9000er-Turm' errichten konnte.

Weiter oben war bereits von Montessoris Entdeckung des ‚inneren
Bauplans' die Rede. Die hier geschilderte Szene aus der aktiven
Montessori-Schule Niederseeon beschreibt anschaulich ihre zweite
für ihre Pädagogik entscheidende Entdeckung, die *spontane Aktivität des Kindes*. Montessori bezeichnet diese uns allen bekannte Ei-

genschaft des Kindes, nämlich seinen spontanen Antrieb zu handeln und zu experimentieren, als *Lernursprung* (siehe Holtstiege 1987: 76). Unsere Vorschläge und Demonstrationen können demnach Lernprozesse anregen, wirklich bedeutsam für den Lernprozess des Kindes ist aber die eigene Handlung. „Das Kind kann sich also nur durch Erfahrungen in der Umwelt entwickeln: Dieses Experimentieren bezeichnen wir als ‚Arbeit' (Montessori 1975: 82)." Der Drang, selbständig aktiv zu sein, gehört zum Wesen des Kindes, selbst wenn es auch an dieser Stelle individuelle Unterschiede gibt. Das wirklich Besondere am Ansatz Montessoris ist heute aber nicht, dass sie die Aktivität des Kindes als solche hervorhebt, sondern dass sie dies nicht als didaktische Maßnahme versteht, sondern als Antwort auf die Entwicklungsbedürfnisse des Kindes. An der geschilderten Szene wird deutlich, dass es sich dabei um einen innengeleiteten Prozess handelt, um eine komplexe Aktivität, die einem inneren Bedürfnis des Kindes in dieser Situation entsprach.

Welche Lernschritte bzw. Erfahrungen sind damit verbunden? Florian war mit der Situation konfrontiert, sich entscheiden zu müssen, *was* er tun will. Die Erfahrung vom Vortag war offenbar noch in ihm lebendig, aber sie musste sich erst zu einer prägnanten Gestalt in ihm herausbilden, zu der Entscheidung, sich wieder mit den Goldenen Perlen zu beschäftigen. Auch wenn die Anregung vielleicht in manchen Fällen von einem Lehrer ausgeht, hat das Kind doch diese Entscheidung zu treffen. Das ist mit spontaner Aktivität gemeint, und unterscheidet diesen Ansatz von didaktischen Modellen, in denen bestimmte Tätigkeiten in den Unterrichtsablauf eingebaut werden. Nur wenn das Kind seinem eigenen Rhythmus folgt und sich selbst für eine bestimmte Aktivität entscheidet, ist es innerlich wirklich bereit und kann sich entsprechend für die Aufgabe öffnen. Montessori nennt dies die Empfänglichkeitsbeziehung zwischen Kind und Umwelt. In dieser Beziehung läge der Schlüssel für echte Lernprozesse (Montessori 1986: 51). Hier liegt also auch der Grund, dass ‚Montessori-Kinder' genauso viel lernen wie andere, obwohl sie zwischendurch Zeit fürs Spielen, Werken und Klettern haben. Allerdings folgt die Aktivität keinem diffusen Aktionismus, sondern resultiert aus den Vorgaben der inneren Führung: „Die Arbeit darf nicht willkürlich vorgeschlagen werden: hier liegt ja gerade die ‚Methode'. Es muss sich dabei um die Arbeit handeln, die der Mensch in seinem Innersten anstrebt, nach der seine verborgenen Lebensneigungen insgeheim verlangen oder zu denen der Einzelne nach und nach emporsteigt. Hier haben wir die Arbeit, welche die Persönlichkeit ordnet… (Montessori 1969:335)" Im gleichen Zusammenhang spricht Montessori davon, dass das Ziel der Arbeit nicht äußerlich sei, also die Erreichung eines bestimmten Lernzieles, „sondern nur den Zweck hat, die innere Flamme, mit der unser Leben zusammenhängt, weiterhin brennen zu lassen (ebd.)". Sind wir nicht manchmal regelrecht naiv und oberflächlich, wenn wir Kinder drängen, etwas Bestimmtes zu tun, ohne eine Ahnung davon zu haben, wonach es sie in ihrem Inneren drängt?

Florian hat schon vorher mit dem Material gearbeitet und hatte eine Vorstellung von der Grundstruktur des Zehnersystems und der Bedeutung der Stellenwerte (Einer, Zehner, Hunderter, Tausender). Was hat er also in dieser Sequenz Neues gelernt? So wie es schien, nichts, das Aufbauen des Materials und Zuordnen zu den Zahlenkarten ging doch ganz reibungslos. Jedoch ist die innere Struktur, das innere Netz (Steiner 1996:281), das aufgrund von Erfahrung wächst und reift, mit Sicherheit enger und stabiler geworden. Seine Aktivität bestand aus einer Kombination von Bewegung, sensorischer Wahrnehmung (Größe, Gewicht und Struktur der Einheiten des Perlenmaterials) und kognitiver Aktivität, nämlich dem Auswählen und geordneten Auslegen der Zahlenkarten, die übrigens aus stabilem Sperrholz bestehen. Die Sinneswahrnehmung der sehr verschieden großen Stapel von Perlenmaterial in Zuordnung zu den entsprechenden Symbolen, schafft die Verbindung zwischen konkreter Wirklichkeit (Perlenmengen) und Abstraktion (Zahlensymbole), die ohne die Benutzung von konkretem Material vielen Kindern (und Erwachsenen) so schwer fällt. Durch die freie Wahl dieser Tätigkeit geschieht dies in Einklang mit dem emotionalen Leben des Kindes, das heißt, es empfindet Befriedigung und Freude bei der Tätigkeit, die es in diesem Moment wirklich interessiert. Diese Konstellation erleichtert es dem Kind auch mit Schwierigkeiten und Frustrationen umzugehen. Das Verwurzeln (Holtstiege 1987:76) des Lernprozesses findet hier auf verschiedenen Ebenen statt. Frederic Vester hat genau diese „Mehr-Kanal-Information" gefordert (Vester 1984:68). Florian wird nun eine genauere innere Vorstellung von den Dimensionen des Zahlenraumes bis 9000 haben, er wird sicherer wissen, dass eine 4 ganz rechts geschrieben etwas *völlig* anderes bedeutet, als eine 4 ganz links mit drei Nullen daneben. Mathematiklehrer sowie auch Eltern von Grundschulkindern wissen, dass gerade diese zwei Aspekte für viele Kinder scheinbar unüberwindliche Hürden im Matheunterricht darstellen.

Die spontane Aktivität des Kindes – damit sind wir alltäglich im häuslichen Leben mit Kindern konfrontiert! Beim Abendessen werden zum Beispiel Pfirsiche gegessen, es ist die Rede davon, dass man Pfirsichkerne einpflanzen kann und daraus ein Baum wachsen wird. Ein dreijähriges Kind springt begeistert auf, überhört den Ruf der Eltern, was es denn jetzt schon wieder wolle, es läuft in den Keller – und holt zwei Tontöpfe. Schon will es wieder loslaufen und aus dem Garten die Pflanzerde holen… Das ist spontane Aktivität des Kindes. Je jünger sie sind, desto enger sind Idee und Handlung verknüpft. Spontane Aktivität ist auch beim selbständigen Anziehen mit im Spiel, das Interesse daran erwacht oft bei den etwa Einleinhalbjährigen. Natürlich können sie es am Anfang fast noch gar nicht, aber mit welchem Eifer versuchen sie es immer wieder, lassen sich durch auf links angezogene T-Shirts und Ähnliches keinesfalls entmutigen – sofern wir ihnen einen ausreichenden Raum geben, diesem spontanen Antrieb nachzugehen. Das bedeutet nicht, dass wir dabei nicht gegebenenfalls auch helfen sollten, jedoch nicht, indem wir es *für* das Kind machen. Gibt es nicht viele Situationen am Tag, wo Kinder Dinge tun wollen, die wir als unpraktisch, unperfekt oder sogar gefährlich empfinden: eincremen, Geschirr tragen, fegen, Schuhe putzen, Saft einschätzen, essen, Möhren schneiden…? Bei all diesen Tätigkeiten geht es für das Kind vor allem darum, sich selbst aufzubauen, sich durch die Aktivität zu vervollkommnen, weniger um die Erreichung des praktischen Zieles: ein gedeckter Tisch, geschnittene Möhren oder Ähnliches. Uns fällt es häufig schwer, die Geduld aufzubringen, das Kind etwas selbst machen bzw. versuchen zu lassen, weil es länger dauert, nicht so perfekt wird und weil es uns schwer fällt, *nichts* zu tun.

Neben dem Lernen durch die spontane Aktivität nennt Montessori eine weitere Funktion, die kindliches Lernen ermöglicht: *der absorbierende Geist* des Kindes. Damit bezeichnet sie die Fähigkeit des Kindes, die Umwelt sozusagen in sich aufzunehmen, ohne sich dessen bewusst zu sein oder sich daran zu erinnern. Elemente der Umwelt und Kultur, wie zum Beispiel die Sprache, werden „Teil der kindlichen Psyche", wie Montessori es ausdrückt. Diese Art des Lernens herrscht vor in den ersten drei Jahren, in denen Kinder vieles von dem, was sie sehen und erleben, gleichsam ‚aufsaugen'. Mit drei Jahren ist das Ich des Kindes voll erwacht, und mit ihm auf eine neue Weise, die Aktivität. „Vorher wurde es von einer ihm verborgenen Kraft geleitet, jetzt führt es sein Ich, während sich seine Hände aktiv zeigen. Es ist, als ob das Kind, das die Welt kraft einer unbewussten Intelligenz absorbierte, sie jetzt in die Hand nähme (Montessori 1972:149/150)." Sie beschreibt weiter, dass das absorbierende Lernen nicht mit drei Jahren aufhört, sondern weiterhin eine Rolle spielt und mehr und mehr durch die aktive Erfahrung unterstützt wird (ebd.:148f.). Beispielsweise können wir sicher sein, dass einige der Kinder, die Florian phasenweise bei seiner Arbeit zugeschaut haben, gewisse Aspekte dieses Vorganges absorbiert haben, nämlich die Aspekte, die sich an das jeweils schon vorhandene Verständnis sozusagen ‚anklinken' konnten. Dies geschieht, ohne dass sie ein Wort darüber verloren hätten, noch sich selbst dessen bewusst wären.

„Hilf mir, es allein zu tun! (Montessori 1987:201)", dieser Satz, mit dem ein Kind in Montessoris erstem Kinderhaus nach Unterstützung verlangte, bringt die Bedeutung, die die Montessori-Pädagogik und die aktive Erziehung der *Selbständigkeit* beimessen, auf den Punkt.

Ein vierjähriges Kind hat mit ihrer älteren Schwester angefangen, eine Geburtstagsgirlande zu basteln. Bunte Quadratpapiere werden diagonal gefaltet und, nachdem die Schnur dazwischengelegt wurde, zusammengeklebt. Danach werden die Ränder mit der Schere eingeschnitten, so dass so etwas Ähnliches wie Fransen entstehen. Sie führt diese Arbeit nun alleine und über einen längeren Zeitraum fort.

Wenn wir nun daran denken, dass diese Girlande an unserem Fenster hängen wird, empfinden wir die Arbeit des Kindes vielleicht als zu unsauber und ungenau, es entspricht nicht unseren ästhetischen Ansprüchen. Ist dies nicht genau die Situation, die alle Erzieherinnen aus dem Kindergarten kennen? Dort kommen dann noch die (vermeintlichen) Erwartungen der Eltern mit ins Spiel. Doch was würde passieren, wenn wir das Mädchen ‚anregen‘ würden, genauer zu arbeiten? Vielleicht verlöre sie die Lust daran, weil es ihr in dieser Situation darum geht, eine möglichst lange, bunte Girlande herzustellen und nicht um Genauigkeit bei der Ausführung. Vielleicht käme sie unter Druck und wäre am Ende frustriert, dass es doch nicht so gut geklappt hat, ihr natürlicher Fluss wäre jedoch in jedem Fall unterbrochen. Wenn sich das Kind gedrängt fühlt, wenn es spürt, dass wir ihm nicht vertrauen, kann sich Selbständigkeit nicht entfalten. Wichtig ist es jedoch, aus der Möglichkeit für Selbständigkeit keinen Zwang zur Selbständigkeit zu machen. Die besondere Bedeutung der Eigeninitiative hat Anna Tardoz wie folgt beschrieben: „Beim selbständigen Lernen und bei in eigener Verantwortung durchgeführten Tätigkeiten folgt das Kind ganz besonderen, durch etwas anderes nicht ersetzbaren Möglichkeiten des Lernens. Es lernt die Wirkungen seiner Handlungen zu beobachten, vorauszusehen, was die Folgen seiner Tätigkeit sind, seine Handlungen, Kräfte und Bewegungen zweckmäßig und ökonomisch einzusetzen. Es lernt zu beobachten und zu handeln. Es lernt zu lernen und entwickelt dabei eine Kompetenz, sowie sein Bedürfnis, kompetent zu sein."

Aktivität und Konzentration

Bei Florian haben wir auch gesehen, wie sehr er zunehmend in sein Tun vertieft war. Anfangs blickte er hin und wieder auf, um sich umzuschauen, später reagierte er kaum noch auf die Fragen und Kommentare seiner Mitschüler. Montessori hat beobachtet, dass dieses Phänomen immer dann auftritt, wenn Kinder sich aus freien Stücken für eine bestimmte Tätigkeit entschieden haben und diese ihrem Bedürfnis nach spontaner Aktivität und ihrem momentanen primären Interesse entspricht. Dieses Phänomen hat sie die *Polarisation der Aufmerksamkeit* genannt (Montessori 1967:17ff.). Montessori beschreibt drei Phasen der Polarisation der Aufmerksamkeit oder auch *Konzentration*. Den Anfang bildet eine einleitende Arbeit, eine Tätigkeit, die sich das Kind selbst wählt, bei der es eine gewisse Zeit verweilt, die aber noch nicht zu tiefer Konzentration führt. Vielleicht war es bei Florian die Zeit in der Spielecke, von der es ihn ja aus eigenem Antrieb wieder wegzog. Die nächste Phase nannte sie die „Große Arbeit", eine Tätigkeit, bei der das Kind ganz in seinem Tun aufgeht, so wie es bei Florian der Fall gewesen zu sein scheint. Nach Abschluss der großen Arbeit beschreibt sie das Kind als geöffnet, freundlich und mit einer gesteigerten Lernfähigkeit, dies bezeichnet sie als die dritte Phase (Montessori 1992:50/51). Auf diese Weise ausgeführte Arbeit führt demnach nicht zu Erschöpfung, sondern starkt im Gegenteil die vitalen Kräfte.

Montessori spricht von Konzentration meistens im Zusammenhang mit ihrem Material. Ein Grund dafür ist die vom Material meist geforderte Genauigkeit, die einen besonderen Anreiz zur Konzentration darstellt. „Diese Art von Konzentration konnte man nicht einmal in den Schulen erwecken, die Tagore[2] in Indien für ältere Kinder einrichtete und wo man versuchte, durch Kontemplation dahin zu kommen. Dieses Ziel wurde niemals erreicht. Man kann es nur erreichen mit kleinen Kindern, wenn ihre Hände mitspielen. Das bringt diese tiefe Aufmerksamkeit zustande (Montessori, 1992:108)."

---

[2] Rabindranath Tagore 1861–1941, indischer Dichter, Philosoph und Schulgründer.

,Polarisation der Aufmerksamkeit' bei der Arbeit mit einem Material aus dem Bereich Kosmische Erziehung.

Als die wichtigste Voraussetzung nennt sie neben einer freien Atmosphäre und der vorbereiteten Umgebung die Haltung des Erziehers: „Stören Sie also nie, wenn ein Kind von sich aus arbeitet. Machen Sie sich keine Sorge darüber, ob es Fehler macht. In diesem Augenblick brauchen Sie es nicht zu verbessern. Das Wichtigste ist nicht, dass das Kind mit dem Material richtig umgeht, sondern dass das Material die Aufmerksamkeit des Kindes auf sich gezogen hat. Das Kind verbessert sich selbst, indem es die Übung wiederholt, oder durch die Fehlerkontrolle, die bei manchem Material sehr genau ist. Wenn Sie unterbrechen, so hört das Interesse des Kindes auf (Montessori, Spannungsfeld: 20 f.)". Sie schreibt diesen Phasen der Konzentration eine innere ordnende und aufbauende Wirkung zu, die sie mit der Meditation bei Erwachsenen vergleicht. Wenn wir nach Montessoris Lerntheorie fragen, nimmt die Konzentration bzw. die Polarisation der Aufmerksamkeit einen zentralen Stellenwert ein. Durch die dabei entstehende Klarheit und Offenheit besteht im Kind in solchen Momenten eine außerordentliche Aufnahmebereitschaft. Der ganze Ansatz der Montessori-Pädagogik und der aktiven Erziehung zielt letztlich darauf ab, den Kindern diese Momente zu ermöglichen, durch Freiheit, Grenzen, die vorbereitete Umgebung und die besondere Begleitung durch den Erwachsenen.

Es ist zu beobachten, dass der von Montessori beschriebene Ablauf auch im Zusammenhang mit vielen anderen Tätigkeiten, die Kinder überwiegend selbständig ausführen können, eintreten kann. Eine angemessene manuelle Betätigung stellt für Kinder – je jünger, desto mehr – die entscheidende Voraussetzung für Konzentration dar.

Ein vierjähriges Mädchen ist zu Hause mit seiner Mutter. Es scheint heute keinen so guten Tag zu haben. Marie ist heute anhänglich, wenn sie versucht etwas zu machen, klappt es nicht so recht und sie weint dann schnell entrüstet los. Sie geht nun gemeinsam mit ihrer Mutter in den Keller, dort entdeckt sie einige Brettchen und eine Feile – die Reste einer Arbeit, die sie vor längerer Zeit mit dem Papa angefangen hatte. Es sollte ein Vogelhäuschen werden. Nun will sie mit der Mama weiter daran arbeiten. Die Mutter hat jedoch keine Zeit, sie zeigt ihr aber, dass sie die Kanten noch weiter feilen könnte und bleibt noch kurz in ihrer Nähe. Marie arbeitet dann allein im Keller, sie feilt und spricht und singt dabei von Arbeit, die soviel Spaß mache und probiert verschiedenes mit Feile und Brettchen. Nach fünf Minuten kommt sie hoch. Die Mutter ist beim Saubermachen des Ofens, Marie fragt, ob sie die Asche zusammenfegen dürfe. Die Mutter willigt ein. Marie holt einen Feger und eine Dose, in die sie die Asche fegen möchte. Der Mutter gelingt es, obwohl einige Asche daneben geht, sie gewähren zu lassen und macht die eigene Hausarbeit weiter. Marie beendet ihre Arbeit, räumt nach Aufforderung die Utensilien zurück und entdeckt in ihrem Spielregal Moosgummi, mit dem sie vor längerer Zeit einmal Stempel gemacht hat. Sie sagt, dass sie jetzt wieder Stempel machen wolle. Dafür will sie einen Stern ausschneiden. Sie fragt nach einer Vorlage, zusammen mit der Mutter sucht sie danach, letztlich nimmt Marie einen Ausstechstern von der Weihnachtsbäckerei, um dessen Umrisse auf das Moosgummi zu übertragen. Sie tut sich schwer, mit dem Stift auch von hinten nachzuzeichnen, entdeckt aber – sie arbeitet inzwischen allein – dass sich die Sternform durch Druck im Gummi abzeichnet und das Nachzeichnen dadurch überflüssig wird. Sie schneidet den ersten Stern aus, kommt in die Küche und zeigt ihn, um auf der Stelle umzudrehen und weitere Sterne abzudrücken und auszuschneiden. Sie sucht dann in der entsprechenden Kiste nach einem passenden Holzstück, zieht ihren Kittel über und klebt die Sterne auf den Klotz. Sie holt sich Wasser und Wasserfarbkasten und bepinselt die Stempelunterseite. Sie holt sich Papier und stempelt, um anschließend noch Himmel, Erde und Gras dazu zu malen. Während der gesamten Szene wurde kaum zwischen den beiden gesprochen, Marie hatte den Weg zu einer ‚großen Arbeit‘ gefunden. Die Intensität ihrer Tätigkeit war spürbar, sie sprach und sang dabei vor sich hin und schenkte das Bild am Ende freudestrahlend ihrer Mutter. Die hatte registriert, dass sie Marie jetzt nicht stören durfte, sie war aber, um sie indirekt zu unterstützen, mit einem Teil ihrer Aufmerksamkeit bei ihr. Tatsächlich wirkte Marie anschließend geklärter, ruhiger und zufriedener.

Der ungarisch-amerikanische Psychologie-Professor Mihaly Csikszentmihalyi untersucht seit den 70er-Jahren diese besonderen Zustände von Vertiefung und Konzentration bei Erwachsenen und Kindern, in denen wir uns eins mit unserer Tätigkeit und mit uns selbst fühlen und dabei alles andere ‚vergessen‘. Dieses Erlebnis hat er ‚Flow‘ genannt (Csikszentmihalyi 1996). Auch aus seiner Sicht ist vor allem das Gefühl von Freiheit und Selbstbestimmungsrecht eine wesentliche Voraussetzung für das Zustandekommen des „Flow“.

Wie ist jedoch der pädagogische Alltag im Jahre 2000? Allenthalben klagen Erzieher, Lehrer und Eltern über Kinder, die sich nicht konzentrieren können. Ist das Problem in Montessori-Schulen etwa nicht bekannt? Unsere Kultur hat sich seit den Tagen von Montessoris erstem Kinderhaus in Rom (Eröffnung 1907) radikal geändert. Wenn Kinder dort aus ärmlichen Verhältnissen in die mit vielfältigen und ästhetisch gestaltetem Material ausgestattete Umgebung kamen, muss die Wirkung des Materials ungleich größer gewesen sein. Heute sind selbst Kinder aus einfachen Verhältnissen mit einem Überfluss an Quantität (unter anderem des Spielzeugs), allerdings oft auch mit einem Mangel an Qualität konfrontiert. In der Montessori-Schule in Niederaccon haben wir es so empfunden, dass die besondere Qualität des Montessori-Materials sich den Kindern nicht unmittelbar erschließt, da es sich auf den ersten Blick vielleicht nicht so sehr von dem vielen anderen Spielzeug, das auf Oberflächlichkeit und bloße Beschäftigung angelegt ist, unterscheidet bzw. die ‚primären Reize‘ des Montessori-Materials sogar ungleich schwächer sind als Geräte, an denen es bimmelt, flimmert und sogar spricht. Tatsächlich sind Situationen, wie die mit Florian, auch dort nicht selbstverständlich. Häufig waren wir erstaunt, unter welch widrigen Umständen es Kinder fertig bringen, sich äußerst zu vertiefen, andererseits bestand eine unserer Hauptaufgaben als Lehrer darin, immer wieder für die entsprechenden Rahmenbedingungen für Konzentration zu sorgen und es dem einzelnen Kind auf verschiedenste Weise zu ermöglichen, mit dem Material bzw. einer Tätigkeit, die Vertiefung zulässt, in Kontakt zu kommen. Durch das Angebot von freier Arbeit auch in handwerklichen und kreativen Bereichen hatten in Niederseeon auch Kinder, die sich nicht unmittelbar durch das Montessori-Material angesprochen fühlten, Möglichkeiten zu konzentriertem Tun. Ganz praktisch haben wir immer wieder Montessoris These, dass die Polarisation den Ausgangspunkt aller Lernprozesse bildet, bestätigt gefunden. Sobald sich Kinder wirklich einem Thema oder einer Arbeit zuwenden konnten, traten so genannte Verhaltensauffälligkeiten in den Hintergrund. Trotzdem gibt es heute keinen pädagogischen Ansatz, der dieses Problem aus der Welt schaffen könnte – wir müssen ein Stück weit damit leben. Die vielen Umweltfaktoren, die Unruhe, Stress, Unkonzentriertheit usw. fördern, sind in unserer Gesellschaft vielfältig. Sicherlich ist es besonders unsere Fähigkeit, als Erwachsene Achtsamkeit, Ausgeglichenheit und innere Präsenz in unser Leben zu integrieren, die einen wesentlichen Einfluss auf die uns umgebenden Kinder ausübt.

Montessori und andere Wege des aktiven Lernens

> *„Deutschland ist kein Land der Kicker und Köpfer mehr.*
> *Die Nationalmannschaft spielt zum Abgewöhnen.*
> *Die Vereine können nur dank ausländischer Stars*
> *international mithalten."*
>
> *(Die Zeit, 10. 2. 00)*

In diesem Artikel wird von Forschungen Heidelberger Sportwissenschaftler berichtet, die als Grund für die Misere des deutschen Fußballs die Nachwuchsarbeit in den Vereinen ausmachen. Die Kleinen würden so früh auf eine Position festgelegt und auf bestimmte Techniken getrimmt, dass sie dabei alle Kreativität und jedes Improvisationstalent verlieren. Als Gegenkonzept schlagen sie vor, die Kinder zunächst nach allem treten und greifen zu lassen, was (ungefähr) rund ist, so dass sie lernen können, sich in schnell wechselnden, chaotischen Situationen zurechtzufinden. So lernten frühere Generationen von Fußballern die Grundlagen ihres Sports und so tun es noch heute die Kids in den Gassen der brasilianischen Barrios. Vorgeschlagen wird nun, ,Ballschulen' einzurichten, in denen diese Situation quasi nachgestellt wird. Außerdem schlagen sie vor, den Kindern autofreie Räume zu schaffen, in denen Fußball wieder zum wirklichen Spiel wird, das von der Freude an der Bewegung und Geschicklichkeit lebt.

Auch in der Regelschule versuchen wir Wissen sozusagen in wohlproportionierten Dosen zu vermitteln, von jedem ein wenig zu einem bestimmten vorhergeplanten Zeitpunkt. Dass das so sein muss, ist uns durch unsere eigene Schul- und Ausbildungskarriere allen so selbstverständlich, dass dieses Denken auch in manchen Montessori-Schulen vorherrscht, trotz Freiarbeit und Material. Wenn im Mittelpunkt unserer Aufmerksamkeit nicht der Lernprozess des Kindes sondern das zu erreichende Lernziel steht, wenn das Erledigen von bestimmten Serien von Arbeitsblättern die Freiarbeit bestimmen, geraten wirklich lebendige Lernprozesse der Kinder schnell in den Hintergrund und es geht darum, Themen ,abzuhaken'. Der Reformpädagoge Martin Wagenschein[3] hat den Weg des „Exemplarischen Lernens" beschritten. Wenn die Kinder mit einer Frage, einem Thema oder Inhalt wirklich in Kontakt kommen, sich selbst dazu etwas erarbeiten und sich vertiefen, wirkt dies auch auf andere Bereiche des Wissens oder des Verständnisses der Welt. So wie wir einen Stein ins Wasser werfen, der nur einen Punkt direkt trifft, hierbei ganz in die Tiefe geht und dabei weite Kreise zieht. Das eigene Interesse, die innere Bereitschaft eine gestellte Aufgabe anzunehmen sind dabei Antriebskräfte, die über das Erledigen von Aufgaben weit hinausgehen. Wir wollen auf den folgenden Seiten der Frage nachgehen, ob die Beschränkung auf die Arbeit mit Montessori-Material nicht eine Beschränkung der vielen möglichen We-

---

[3] Martin Wagenschein (1896–1988) unterrichtete in den dreißiger Jahren 9 Jahre in der reformpädagogischen Odenwaldschule.

ge des Lernens ist. Aus heutiger Sicht hat Maria Montessori Lernen zu wenig als kreativen und lebendigen Prozess gesehen, der Kinder ebenso wie Erwachsene das ganze Leben begleitet und der auch für Kinder viel weiter reicht als der Umgang mit dem von ihr entwickelten „wissenschaftlichen Material". Wenn in Montessori-Schulen darauf bestanden wird, in bestimmter Reihenfolge und auf bestimmte Weise mit dem Material zu arbeiten, so wird damit unausgesprochen davon ausgegangen, dass es einen bestimmten Weg zu dem Ziel des richtigen Wissens und Denkens[4] gibt. Zudem bekommt das Entwicklungsmaterial dadurch eine Art Lehrgangscharakter, was einem entdeckenden und kreativen Lernen widersprechen würde. Der Entwicklungspsychologe und Erkenntnistheoretiker Jean Piaget (1896– 1980) folgert in Übereinstimmung mit Montessori aus seinen vielfältigen Forschungen, dass Lernen in erster Linie auf der spontanen Aktivität des Kindes beruhen müsse, betont aber immer wieder den schöpferischen Aspekt des Lernens: „Mit einem Wort, das Grundprinzip des Arbeitsunterrichts sollte in Anlehnung an die Geschichte der Wissenschaften lauten: *begreifen heißt erfinden,* bzw. durch Wiedererfinden rekonstruieren – ein Leitsatz, an den wir uns unbedingt halten müssen, wenn wir künftig Menschen heranbilden wollen, die, statt immer nur zu wiederholen, was man ihnen vorkaut, zu eigener Produktivität und Kreativität imstande sind (Piaget 1975: 81)". Beim Begreifen geht es demnach nicht nur um den Aspekt des *Greifens*, also die sensorischen Erfahrungen, sondern auch um das Erforschen und Beschreiten von eigenen Wegen, eben das *Erfinden.*

Kindergarten- oder auch Schulkinder arbeiten zum Beispiel gerne mit dem Wassertablett oder auch im Außengelände am Wassertisch. Dazu gehören verschiedene Krüge, Trichter, Gefäße mit verschiedenen Durchmessern und Höhen. Im Spiel, durch das freie Experimentieren werden sie feststellen, dass die gleiche Menge Wasser in einem schmalen Glas einen höheren Wasserstand bewirkt als in einem Glas mit einem größeren Durchmesser. Auch wenn sie in

---

[4] Vergl. Kap 4.3.1. Denken und Lernen.

Am Wassertisch machen Kinder vielfältige Erfahrungen. Diese erleichtern später etwa die Volumenberechnung.

diesem Moment nichts von Durchmesser, Volumen usw. wissen, machen sie doch Erfahrungen damit, die es ihnen später überhaupt erst ermöglichen werden, ein wirkliches Verständnis zum Beispiel für die Formel zur Volumenberechnung zu entwickeln. Durch vielfältige Interaktionen, sei es mit dem Wassertablett, mit Wasser und Sand, in der Badewanne, beim Geschirrspülen und in vielen anderen echten Lebenssituationen, entstehen im Laufe der Jahre im Inneren Verknüpfungen zwischen diesen einzelnen Erfahrungen, eine innere Struktur. Die genannte Formel entsteht auf dieser Basis dann fast von allein. Wir haben in der Montessori-Schule Niederseeon immer wieder erlebt, dass Kinder, die über vielfältige solche Erfahrungen verfügten, bestimmte Schritte mit dem Montessori-Material nur einmal durchgeführt haben. Es war deutlich, dass sie den Kern der Operation sofort erfasst hatten. Das Material diente hier vielleicht nur noch dazu, die vorhandenen Erfahrungen zu ordnen und zu strukturieren.

In Niederseeon haben die Kinder die Möglichkeit während der Freiarbeitsphase in bestimmten Werkstätten zu arbeiten, unter anderem in der Holzwerkstatt.

Eines Tages kommt Gabriel in die Holzwerkstatt, sucht sich ein schmales Brett und misst es ab. Es ist 65 cm lang. Gabriel ist in der dritten Klasse. Er geht zur Lehrerin und fragt, wie er das Brett in drei gleiche Teile teilen kann, um daraus einen Propeller zu bauen. Die Lehrerin wiederholt die Frage und fragt zurück, ob er eine Idee habe. Als Montessori-Lehrerin denkt sie gleich an die Umsetzung dieser Aufgabe mit Perlenmaterial, sie wartet aber ab, ob ihm selbst etwas einfällt. Gabriel schlägt vor, es mit einem kürzeren Hölzchen als Maßstab zu probieren. Die Lehrerin bestätigt, dass das möglich wäre und Gabriel sucht nach einem entsprechenden Holz. Er findet aber keines, das in etwa ein Drittel so lang wie das lange Brett ist, sondern schätzt ein Drittel ab und sägt ein Hölzchen entsprechend ab. Damit markiert er die Längen, stellt aber fest, dass das dritte Teil dann ein wenig zu kurz werden würde. Ein Mitschüler, der seine Versuche beobachtet hat, schlägt vor einen Faden als Maßstab zu nehmen. Gabriel weiß, wo er einen findet, schneidet ihn auf die Länge des Brettes ab und legt ihn sorgsam zu drei gleichen Teilen zusammen. Er hat nun genau ein Drittel der Länge vor sich und überträgt diese mit dem Bleistift auf das Brett. Es kommt hin, jedenfalls ist er mit seiner Genauigkeit zufrieden. Er geht mit dem Brett an seine Werkbank und sägt die Teile entsprechend ab.

Was ist hier passiert? Sollte er nicht als Drittklässler bereits in der Lage sein, dieses Problem in eine mathematische Aufgabe zu übertragen und diese dann auszurechnen? Gabriel ist in diesem Moment ganz konkret daran interessiert, sein Problem zu lösen, er möchte in dieser Situation keine Erklärungen und nicht das Gefühl, dass die Lehrerin sein Problem ausnutzt, um ihn mit Mathematik zu konfrontieren. Ein halbes Jahr später, wenn er genügend Erfahrungen gesammelt und sein Verständnis von Mengen und Längen weiter gereift ist, hätte er womöglich direkt gefragt, wie er sein Problem als Mathe-Aufgabe formulieren kann oder es gleich von sich aus getan. Seine Vorstellung ist noch sehr nah an der konkreten Wirklichkeit, das heißt, dass er die Längen noch gar nicht in Zahlen ausdrückt, bzw. nicht in Zahlen denkt, auch wenn er offenbar bereits mit dem Meterstab umzugehen weiß. Er löst seine Frage also auf dem ihm angemessenen Stand, was für ihn ja offenbar noch eine Herausforderung darstellt, sonst hätte er nicht gefragt. Durch seinen Lösungsweg, durch seine Erfahrung mit diesem konkreten Problem stabilisiert sich sein Verständnis des grundlegenden Vorgangs, den wir Division nennen.

Vielleicht wird an dieser Situation deutlich, dass es um mehr geht, als Kindern für das Lösen ihrer Mathematikaufgaben Material an die Hand zu geben. Es geht darum, dass sie in direkter Beziehung zur Wirklichkeit auf Probleme stoßen, für diese Probleme eigene Lösungswege entwickeln und dadurch Erfahrungen machen, so wie es auch die genannten Forscher für das Fußballtraining vorschlagen. „In allem Lernen ist es sehr wichtig, dass der Schüler selbst höchst aktiv bleibt, so dass er so weit als möglich seine eigenen Experimente durchführt, seine eigenen Hypothesen erstellt, seine eigenen Beobachtungen macht und zu Schlüssen kommt. Denn nur dann ist alles wirklich seine Entdeckung und es ist dann auch Tatsache, dass er nicht so schnell vergisst (Piaget)". In einem Klassenzimmer alten Zuschnitts dürfte das kaum möglich sein, Voraussetzung ist dagegen ein echter Lebensraum, in dem Kinder aktiv ihren vielfältigen Interessen und Bedürfnissen nachgehen können.

In einem ,Laden', der Bestandteil der Kinderküche in Niederseeon ist, kann man immer wieder beobachten, wie Kinder kleine und große Lernschritte in ,echten' Situationen machen:

Lisa aus der 2. Klasse will 20 g Nüsse kaufen. Der Preis für 10 g steht auf dem Glas, nämlich 0,10 DM. Sie sagt: „Ach so, 10 g kosten 10 Pfennig, nochmal 10 g gibt dann 20 Pfennig." Die Zufriedenheit über diese kleine, selbst gewonnene Erkenntnis ist Lisa deutlich anzusehen. Ludwig, auch zweite Klasse, ist schon etwas weiter, er will einen Apfel kaufen, 100 g kosten 80 Pfennig. Er wiegt den Apfel – auch eine Waage mit Gewichten steht dort – 120 g. Ludwig rechnet laut im Kopf, dass 10 g dann 8 Pfennig kosten und kommt auf einen Preis von 96 Pfennig für diesen Apfel.

Durch diesen Kontakt mit Mengen, Zahlen und Größen in immer wieder neuen Situationen entsteht ein Verständnis von mathematischen Strukturen. Dadurch ist gewährleistet, dass sich im Kind keine mechanischen Muster (das macht man eben so!) bilden, sondern ein flexibles Denken entstehen kann, das sich jeder neuen Situation anpasst und angemessen darauf reagiert (Wild 1998:4).

Dass Lernen ein kreativer und schöpferischer Prozess ist, zeigt auch folgende Situation:

Anne lernt seit etwa einem viertel Jahr Blockflöte, sie ist sieben Jahre alt. Das Notensystem ist ihr noch nicht sehr geläufig. Anne entdeckt eine Mini-Spielzeugflöte, die sie irgendwann einmal geschenkt bekommen hat. Sie spielt darauf und versucht zunehmend, bestimmte Melodien zu erzeugen, was mit dieser Flöte, die gar keine genauen Töne kennt, nicht einfach ist. Anne notiert ihre Melodien in ein kleines Heft. Dazu gibt sie jedem Loch eine Nummer, 1–6. Sie schreibt dann zum Beispiel: 1–1–3–4–2–2–… Anne entwickelt damit eine eigene Struktur, sie experimentiert mit dem, was sie schon vom Sinn des Notensystems integriert hat und entwickelt auf diese Weise ihr eigenes Verständnis davon. Freilich, ihr System kennt keine Tonhöhen und bezieht sich nur auf dieses eine Instrument, aber sie hat den Kern des Notensystems erfasst und auf sehr kreative Weise für die Lösung ihres Problems, nämlich, dass sie ihre eigenen Melodien immer wieder vergessen hat, benutzt.

Piaget betont ausdrücklich, „dass händisches Arbeiten an sich nichts Aktives hat, wenn es nicht durch den spontanen Entdeckungsdrang des Schülers, sondern allein durch die Direktiven des Lehrers gelenkt wird, … (1972:151)". Dieser nicht-direktive Aspekt ist im Grunde auch in Montessoris Begriff von der *spontanen* Aktivität enthalten. Spontan heißt ja, dass das Kind bei der Wahl seiner Tätigkeit seinem Interesse und Bedürfnis folgt. Wir gehen also am Kern der Montessori-Pädagogik vorbei, wenn wir den Kindern Möglichkeiten zur Aktivität geben, diese aber nach unserem Ermessen bestimmen wollen. Es geht also um wirklichen Spielraum für diese Eigeninitiative des Schülers und wir alle müssen es erst lernen, was es bedeutet den individuellen Lernwegen der Kinder zu folgen und ihnen hierfür immer wieder angemessene Anregungen zu geben.

Auch der Schrifterwerb des Kindes ist, wie man heute weiß, ein schöpferischer und kreativer Prozess des Selbstaufbaus. Wenn Kinder in einer Umgebung leben, in der sie in vielfältiger Form mit Schrift und Sprache konfrontiert sind, wenn sie ihre ersten Schreibversuche ohne Korrektur und Einmischung von Erwachsenen machen können, wenn sie sich angenommen und geliebt fühlen – diese wichtigste Voraussetzung für das eigenaktive Lernen wird allzu leicht vergessen – werden sie zu bestimmten Zeiten, eben Montessoris sensiblen Perioden, ein klares Interesse für Buchstaben und Schrift entwickeln. Das Sprachmaterial von Montessori stellt für diesen Prozess eine hervorragende Unterstützung dar, ist jedoch keine Voraussetzung für einen selbständigen Schrifterwerb. Heute fängt dieser Prozess meist im häuslichen Rahmen statt, die 4- bis 5-Jährigen fangen an, sich für die Zeichen auf dem Milchflaschenetikett zu interessieren und erarbeiten sich so Schritt für Schritt, mit längeren Pausen meist, das Alphabet und vor allem die Erkenntnis, das Buchstaben jeweils Zeichen für bestimmte Laute sind. Bieten wir den Kindern also eine auch an Schriftlichem reiche vorbereitete Umgebung, so werden sie zu einem freudigen Umgang mit Schrift und zu gegebener Zeit auch zu Rechtschreibung und Grammatik finden[5]. Wenn wir bereit sind für ihre Fragen, wenn wir sie experimentieren lassen können, wird sich die spontane Aktivität bald von selbst regen. ,Produkte' wie dieser Einkaufszettel können dabei entstehen:

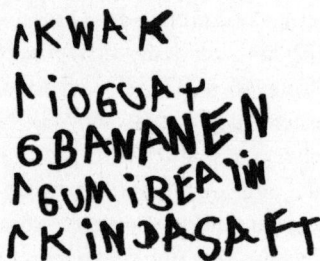

Einkaufszettel von Ingeborg, fast 6 Jahre: Quark, Joghurt, Bananen, Gummibärchen, Kindersaft

Wenn wir Raum geben für Entwicklungsbedürfnisse, die spontane Aktivität und vor allem unterschiedliche Lernwege der Kinder, werden wir auch der Forderung nach Differenzierung und Individualisierung des Unterrichts gerecht. Brazelton hat herausgefunden, dass sich schon bei Neugeborenen Unterschiede hinsichtlich ihres Akti-

---

[5] Siehe Kapitel: Kinder auf dem Weg zur Schrift.

vitätsniveaus, Rhythmus, Ablenkbarkeit und Offenheit der Umwelt gegenüber feststellen lassen (Brazelton 1969; English/Hill 1999:66). Jedes Kind, so folgert Brazelton, habe eigene, biologisch bedingte Lernmuster. English/Hill nennen dies das persönliche Curriculum. Zum biologischen Aspekt kommt noch hinzu, dass Kinder genauso wenig wie wir Erwachsenen nicht isoliert, sondern immer in Beziehung zu ihrer eigenen Sicht der Welt und von sich selbst lernen, in Beziehung zu ihren Erfahrungen, Vorstellungen und Fähigkeiten (ebd.: 68). Daraus ergeben sich die unterschiedlichen Lerntypen bzw. Lernwege. Anthony Gregorc unterscheidet zwischen vier verschiedenen Lern- und Charaktertypen, die jeweils andere Lernstile und -wege bedingen. Allerdings sind die genannten vier Typen nur eine Hilfe zur Wahrnehmung des jeweiligen Schwerpunktes eines Kindes und sollten nicht als Festschreibungen verstanden werden. Die praktischen, faktenorientierten und gewissenhaften Persönlichkeiten bevorzugen demnach einen überwiegend konkret-systematischen Lernstil. Für analytisch, gründlich und vernetzt denkende Persönlichkeiten ist der abstrakt-systematische Stil angemessener, weiterhin unterscheidet er soziale, gefühlsbetonte, kreative Persönlichkeiten und die energievollen, experimentierfreudigen und willensstarken Menschen mit abstrakt- bzw. konkret-assoziativem Lernstil (Gregorc 1997). Vielleicht fallen uns schon beim Lesen uns bekannte Kinder ein, die wir spontan dem einen oder anderen Lerntyp zuordnen würden. Wie großartig doch diese Unterschiede! Ich erinnere mich an Dieter, der immer voller Energie zu sein schien, selten fünf Minuten auf einem Stuhl sitzen konnte aber sprühte vor Ideen und Tatendrang. Seine Eltern hatten das erkannt und ihn an der Montessori Schule angemeldet um ihn davor zu bewahren, in der Regelschule vor allem mit Restriktionen und Negativerfahrungen konfrontiert zu werden. Auch bei uns sorgte seine impulsive Art mitunter für Schwierigkeiten, dennoch fand er immer wieder Tätigkeiten, in denen er vollständig aufzugehen schien. So entwickelte er zum Beispiel eine besondere Vorliebe für das Kochen und Backen. Wann immer es Angebote in diesem Bereich gab, war er dabei und unser Hauswirtschaftslehrer wusste immer wieder Anekdoten über den Einfallsreichtum, die Zielstrebigkeit und Kreativität von Dieter beim Backen und Kochen zu erzählen. Er war aber auch außerhalb der ‚Angebote' häufig in der Küche zu sehen und wurde nicht müde, eigene Rezepte auszuprobieren. Einzige Bedingung dabei ist – nicht nur für ihn – die Küche so zu hinterlassen, wie sie vorgefunden wurde und die dort produzierten Speisen hinterher zu verzehren. Sicher war es nicht nur das Kochen und Backen, das ihn an praktischen Tätigkeiten faszinierte, zumindest widmete er sich lange Zeit kaum dem Schreiben. Im Laufe der dritten Klasse dann entwickelte er einen erheblichen Ehrgeiz, ordentlich schreiben zu lernen. Innerhalb von wenigen Monaten entwickelte er eine flüssige Schreibschrift!

Auch als Verfechter der aktiven Methode sollten wir nicht den Blick für die verschiedenen Persönlichkeiten der Kinder und ihren individuellen Lerntyp verlieren. Wenn auch das Montessori-Material für alle Kinder an bestimmten Stellen ihres Lernprozesses von Nutzen sein wird, gibt es auch Kinder für die das Material als Medium und Erfahrungsmöglichkeit nur eine untergeordnete Bedeutung haben wird. Auch dies gilt es zu respektieren und verlangt gleichzeitig von uns als Lehrer oder Erzieher eine große Kreativität bei der Gestaltung der vorbereiteten Umgebung und von Angeboten und Aufgaben, die diese Kinder ihrem Lernstil entsprechend ansprechen und fordern[6].

Die Erweiterung des Montessori-Konzeptes um Möglichkeiten zum lebensbezogenen Lernen ist noch selten. Tätigkeiten wie das Kochen, Werken mit Holz, Gartenarbeit usw. haben alle eine wichtige positive Funktion für die kognitiven Lernprozesse der Kinder. Abgesehen davon haben sie aber auch einen Wert an sich. Im von Montessori aufgestellten, so genannten Erdkinderplan fordert sie für die 12- bis 18-Jährigen eine „Erfahrungsschule des sozialen Ler-

---

[6] Joël Huser beschreibt in ihrem Buch „Lichtblick für helle Köpfe" übersichtlich und prägnant die verschiedenen Lerntypen und die daraus folgenden Anforderungen an Kindergarten und Schule. Bezogen auf die Situation in der Regelschule macht sie konkrete Vorschläge für den Unterricht.

nens (1988:27)". Darin unterstreicht sie wiederholt die Bedeutung von lebenspraktischen Tätigkeiten in Landwirtschaft, Handwerk und Handel für die Jugendlichen (ebd.: 127–157). „Menschen, die Hände, aber keinen Kopf haben, und Menschen, die einen Kopf, aber keine Hände haben, sind in der modernen Gesellschaft in gleicher Weise fehl am Platze (Montessori 1988:131)." Sollte dieser Ansatz, Theorie und Praxis zu verknüpfen, nicht auch für die Grundschule zutreffen? Besonders in unserer von Erfahrungsarmut und Medien beherrschten (Kinder-)Welt haben Erfahrungen im lebenspraktischen Bereich grundlegende Bedeutung. Schule ist heute sehr mittelschichtsorientiert. Die Formen der Vermittlung, der fast ausschließliche Zugang zu Wissen durch Schriftliches führt dazu, dass Kinder aus Familien, in denen Schriftlichkeit ohnehin keinen hohen Stellenwert hat, sich viel schwerer orientieren und anpassen können. Das Angebot von praktischen Tätigkeiten würde es ihnen dagegen wesentlich erleichtern. Sie könnten sich zunächst vielleicht in diesen Bereichen beweisen, damit ihr Selbstbewusstsein entwickeln und auf dieser Basis sich auch den ihnen nicht so nahe liegenden Kulturtechniken zuwenden. Wo immer es möglich ist, sollten darum in Schulen Möglichkeiten des lebenspraktischen Lernens geschaffen werden.

Übung oder Reifung – Zur Qualität des Lernens

Welche Rolle hat das Üben im Rahmen des aktiven Lernens? In der Regelschuldidaktik nimmt es einen großen Raum ein und gilt als Garant des Lernerfolgs. Der bereits zitierte Moshe Feldenkrais sieht dies ganz anders: „Man erzieht uns – und wir erziehen – in der Überzeugung, dass es genüge, den Willen anzustrengen, um schließlich korrekt zu funktionieren, und dass wiederholtes Bemühen den besten Erfolg verbürge. In Wirklichkeit führt zielstrebiges Üben nur zu Geläufigkeit, das heißt es lässt Fehler, die dabei unterlaufen, zu blinder Gewohnheit werden (1987:61)". Wie ist das zu verstehen? In der zweiten bzw. dritten Klasse steht das Erlernen des Einmaleins auf dem Lehrplan. Das heißt, dass alle Kinder die Reihen auswendig lernen müssen, und tatsächlich entsteht dadurch zum Teil recht schnell die besagte Geläufigkeit. Gleichzeitig aber sind viele Kinder mit dem Vorgang der Multiplikation als solcher noch längst nicht so vertraut, dass sie ein solides Verständnis dieser Operation, wie es in lebensnahen Situationen oder durch den Umgang mit Perlenmaterial entstehen kann, entwickelt hätten. Wenn sie dazu Gelegenheit hätten, würden sie Struktur und Gesetzmäßigkeiten im Einmaleins selbst entdecken. Dieses wirkliche Verständnis gäbe ihnen ein Gefühl von Sicherheit und gleichzeitig von geistiger Flexibilität. Wenn das Auswendiglernen der Reihen Sinn macht, dann auf dieser Basis.

Montessori setzt auf Wiederholung als Bestandteil des Lernprozesses, aber sie spricht nicht von Übung. Die Kinder wiederholen bestimmte Tätigkeiten aus eigenem Antrieb immer und immer wieder. Im Sinne der sensiblen Phasen kommt es entscheidend auf den richtigen Zeitpunkt an, so dass Lernen im Einklang mit den Reifungsprozessen geschehen kann. Damit die Schreibschrift flüssig wird, bedarf es natürlich der ständigen Wiederholung, so dass eine Art Automatisierung des Schreibvorgangs eintritt. Damit dies nicht als aufgezwungene Übung ohne innere Beteiligung geschieht, geht es darum immer wieder Schreibanlässe zu schaffen, in denen die Kinder wirklich etwas auszudrücken haben. Sprache und Schrift haben immer etwas mit Ausdruck und Sinn zu tun, beides sollten wir ihnen beim Schreiben ermöglichen.

Lernen, das aus einem inneren Antrieb lebt, hat eine besondere Qualität. Kennen wir nicht alle die Schulstunden, in denen wir uns gelangweilt haben, Hausaufgaben, die wir ausschließlich erledigt haben, um Schwierigkeiten am nächsten Tag zu vermeiden, um also äußeren Erwartungen gerecht zu werden? Wie effektiv ist diese Art von Lernen? Wir sind innerlich mit etwas völlig anderem beschäftigt, können dem aber nicht nachgehen, ohne negative Konsequenzen zu befürchten? Celestine Freinet hat es so formuliert: „Wenn der Erzieher versucht, das Interesse des Kindes über irgendein Mittel zu wecken für etwas, was das Kind eigentlich nicht interessiert, so ist das Ergebnis eine Teilung der Energie des Ich." Die Qualität der Handlung, des Lernens ist sozusagen mittelmäßig, weil ein Teil der dem Kind zur Verfügung stehenden Energie mit der Verdrängung der eigenen Interessen gebunden und der andere Teil damit, den Erwartungen des Lehrers gerecht zu werden. So kann weder für die geforderte, noch für die aus eigenem Interesse gewählte Aufgabe alle Energie zugeführt werden. Wenn die Kinder sich ihre Aufgabe aus eigenem Antrieb wählen, können sie sich ihr mit aller Energie widmen und sich dadurch wirklich konzentrieren. Der Gestalttherapeut Claudio Naranjo beschreibt authentisches, also von innen motiviertes Handeln als ein Ja zum Leben, das nicht aus Defiziten motiviert sei. Dieses Handeln unterstützt das Leben, offenbart, statt zu verbergen, drückt aus, statt zu unterdrücken, ist natürlich, vergewaltigt nicht unsere Neigungen, ist im ‚Fluss' (Naranjo 1996:83). Wenn Montessori davon spricht, die innere Kraft des Kindes für das Lernen zu nutzen (1992:45), meint sie genau dieses authentische Handeln, bei dem alle Energie auf eine Tätigkeit oder ein Objekt gerichtet ist.

Wenn Kinder aus eigenem Antrieb aktiv werden, entsteht diese Qualität, die für den aufmerksamen Beobachter deutlich spürbar ist. Die Kinder vergessen sich dabei, sie sind konzentriert, sie handeln nicht wegen des Zieles oder der Erwartung des Erwachsenen, sondern um des Tuns selbst willen. Vielleicht kennen auch wir solche Momente, in denen es uns nicht darum geht, eine Wirkung zu erzielen oder etwas zu erledigen, sondern in denen wir aus unserer inneren Erfahrung heraus handeln. Anstatt den Lernprozess genau vorschreiben und kontrollieren zu wollen, sollten wir uns als Erwachsene dieser Möglichkeit, dieser Qualität in der Aktivität von Kindern bewusst sein und auf diese Kraft vertrauen.

Selbstkontrolle statt Bewertung

> *„Es gibt nichts, was man wissen muss – nur etwas,*
> *das man wissen will."*
>
> (Hans-Georg Gadamer)

Montessori-Pädagogik wie auch aktiver Erziehung geht es um den Aufbau von Verständnisstrukturen als Basis von Wissen und Fertigkeiten. Welche Bedeutung können dabei Lob und Strafe, Klassenarbeiten und Zeugnisnoten, haben? Wie gehen wir mit ‚Fehlern' um? Montessori setzt auf innere Führung und Antrieb im Kind, auf Freiheit und Selbständigkeit. Die Bewertung von Leistung mittels Noten passt dazu nicht. Das Geben von Noten vermittelt dem Kind ein Gefühl von Abhängigkeit und Ausgeliefert-Sein. Auch Piaget übt deutliche Kritik an Noten und Prüfungen, sie seien der „Fluch unseres Schulwesens (1975:27)." Er nennt Zensuren nicht objektiv und bemängelt, dass sie Schülern und Lehrern die Freude bei der Arbeit nähmen, deren gegenseitiges Vertrauen beeinträchtigten und die Lehrer von ihrer eigentlichen Arbeit ablenkten (ebd.). Montessori hat die meisten ihrer Materialien so konzipiert, das sie eine ‚eingebaute Selbstkontrolle' enthalten. Auf den Aufgabenkärtchen im Mathebereich steht auf der Rückseite jeweils das Ergebnis. Die Schüler können also die Aufgabe mit Hilfe des Materials lösen und anschließend die Karte umdrehen und das Ergebnis vergleichen. Sie sind nicht darauf angewiesen, ihre Arbeit vom Lehrer kontrollieren und bewerten zu lassen.

In der Montessori Schule können Kinder Fehler machen, ohne dass sie zwangsläufig vom Lehrer korrigiert werden. Fehler sind Ausdruck bestimmter Entwicklungsphasen und die Schüler werden sie im Zuge ihrer eigenen Entwicklung selbst entdecken und korrigieren. Wenn Kinder intelligent schreiben und lesen lernen, müssen sie bestimmte Fehler machen. Diese Problematik kennen wir auch als Eltern. Wenn ein Fünfjähriger anfängt, die ersten Buchstaben und Wörter zu schreiben, werden die Buchstaben immer wieder spiegelverkehrt erscheinen. In uns Erwachsenen, die wir alle von unseren eigenen Schulerfahrungen geprägt sind, werden schnell Ängste wach werden, dass sich unser Kind diese spiegelverkehrten Buchstaben einprägt und wir werden es vielleicht immer wieder korrigieren wollen. Die Korrektur wird das Kind mal annehmen, mal ignorieren, mal mit Protest beantworten. Was passiert hier? Für das fünfjährige Kind steht seine Zufriedenheit über die ersten selbst geschriebenen und lesbaren Wörter im Vordergrund. Es zu verbessern wäre ähnlich sinnlos, wie einem Kind, das gerade laufen lernt, zu sagen: „Geh doch mal ordentlich!" Die Fehler, die Kinder machen, sind Ausdruck ihres Entwicklungsstandes. Das Kind muss „eine Anzahl von Denkstadien durchlaufen, deren Abwegigkeit es später einsieht, die aber offenbar nötig sind, um schließlich die richtigen Lösungen zu finden (Piaget 1975:81)."

Die Selbstverständlichkeit, in der Schule, Hochschule benotet zu werden, haben wir so verinnerlicht, dass wir im Allgemeinen Fehler als etwas Negatives betrachten und entsprechend häufig noch als Erwachsene Angst davor haben, Fehler zu machen. „Einer der größten Ängste ist die Angst vor dem Falschmachen, vor den Fehlern und ihren Folgen! Dabei vollzieht sich in der Geschichte der Menschheit das Zustandekommen von Erkenntnissen, Einsichten und Entdeckungen weitgehend durch das Erarbeiten, durch das Merken, dass etwas nicht stimmt, und durch das Ausprobieren, wie es weniger falsch und schließlich brauchbar werden kann. Erst wenn man gezwungen wird, sich zu fragen, warum da etwas nicht funktioniert, kann bewusst werden, was das störungsfreie Funktionieren sicherstellt und unter welchen Umständen es gesichert ist (Jacoby 1987: 27/28)." Die Bewertung von außen aber, konkret die Beziehung: viele Fehler führen zu einer schlechten Note, hemmt die kindliche Experimentierfreude und Kreativität und seine ursprüngliche Unbekümmertheit im Umgang mit Fehlern. Dazu kommt, dass wir dadurch zu Einzelkämpfern erzogen werden, denen es nicht erlaubt ist, in der entscheidenden Situation Hilfe von anderen wie auch von Hilfsmitteln in Anspruch zu nehmen. Dies steht im krassen Widerspruch zu den Anforderungen an Kooperationsfähigkeit in der heutigen und zukünftigen Wirtschaft.

Montessori hat ausdrücklich darauf hingewiesen, dass zum Beispiel im Zusammenhang mit der Einführung eines Materials ein Fehler des Kindes in dieser Situation nicht korrigiert, wohl aber aufmerksam vom Lehrer registriert werden soll. Wenn wir das Kind während seiner Arbeit auf einen Fehler hinweisen, stehe der Fehler, das Negative im Mittelpunkt. Das werde als Unterdrückung empfunden und rufe auf die Dauer Widerstand hervor. Ein wenig beachteter Aspekt in der Diskussion um ‚Disziplinprobleme' in der Regelschule! „In unseren Schulen besteht ein bestimmtes Verhältnis zwischen Lehrer und Kind…, aber auf jeden Fall darf sich der Lehrer nicht durch Loben, Strafen oder Verbessern von Fehlern einschalten (Montessori 1972:220)." Wir sollten dies als die angemessene Grundeinstellung für Lehrer betrachten und weniger als striktes Dogma. Montessori schreibt an anderer Stelle: „Wenn Korrektur notwendig ist, so muss diese indirekt, zu einer anderen Zeit (gegeben werden), niemals im Augenblick wirklicher Konzentration (Montessori 1979:25)". Die Leistungskontrolle in Montessori Schulen findet statt durch die Beobachtung des Lehrers und durch Tests, die die Kinder dann bearbeiten können, wenn sie selbst sich dafür reif fühlen. Dadurch tritt auch das leidige Vergleichen unter den Kindern in den Hintergrund und trotzdem wird für Schüler und Lehrer transparent, wo er sich leistungsmäßig befindet.

Der Lehrer als Lernbegleiter

> *„Pädagogisch fruchtbar ist nicht die pädagogische Absicht, sondern die pädagogische Begegnung."*
> *(Martin Buber 1986:71)*

Wenn Kinder selbsttätig lernen, wenn sie in ihrem Lernprozess ihrem inneren Bauplan statt dem vom Lehrer vorgegebenen Ablauf folgen, welche Aufgabe hat der Montessori-Lehrer dann noch? Wenn das Kind der Baumeister seiner selbst ist, bleibt dem Lehrer nur noch die Aufgabe des Bauhelfers? Tatsächlich hat er eine helfende und unterstützende Rolle, die allerdings von entscheidender

Bedeutung ist. Es gilt die Voraussetzungen für den reibungslosen Ablauf der ,Bauarbeiten' zu schaffen, zu beraten, zu begleiten und unterstützen. Die folgende, gezwungenermaßen plakative Gegenüberstellung vermittelt einen Eindruck von den unterschiedlichen Aufgabenschwerpunkten des Lehrers:

Aufgaben des Lehrers: Traditionelle Schule	Aufgaben des Lehrers: Aktive Montessori-Schule
Planung und Steuerung des Lernprozesses der Klasse als Ganzes.	Planung und Bereitstellung von Material und Angeboten. Die Umgebung vorbereiteten. Moderation des Entwicklungsprozesses der Klasse.
Belehrung und Erklärung	Darbietung des Materials, das heißt: Schüler mit dem Material in Kontakt bringen. Hilfestellung zum selbständigen Erarbeiten
Verbale Stoffvermittlung	Beratung und Moderation der eigenaktiven Erarbeitung des Stoffs durch die Schüler
Mittelpunkt des Geschehens, aktiv	Wirkt indirekt im Hintergrund, äußerlich eher ,passiv'
verlangt Aufmerksamkeit	gibt Aufmerksamkeit
Lob und Tadel	Stört Kinder nicht durch Lob und Tadel bei ihrer Arbeit
Korrektur von Schülerleistungen	Korrektur bei Interesse des Schülers, da überwiegend Selbstkontrolle d. Material
Kontrolle des Lernfortschritts, Benotung	Beobachtung, Aufmerksamkeit, Gewahrsein für den Prozess des Schülers
Einfordern von Folgsamkeit und Disziplin	Setzen klarer Grenzen und eines festen Rahmens

Aufgaben des Lehrers: Traditionelle Schule	Aufgaben des Lehrers: Aktive Montessori-Schule
Fokus der Aufmerksamkeit auf Inhalte	Fokus der Aufmerksamkeit auf Prozesse der Schüler
Hält sich an geplanten Unterrichtsverlauf, verlangt Flexibilität von Schülern	Flexibilität in jeder Situation um immer wieder neu auf Interesse und Situation d. S. einzugehen
Scheinbare Vermittlung der ‚Wahrheit' in Form von Lehrinhalten	Bestätigung und Bestärkung der Schüler in ihren jeweiligen Erkenntnissen/Entdeckungen. Aufzeigen von Wegen zur Weiterarbeit
wenig Raum für individuelle Unterstützung	Bereitschaft zu individueller Unterstützung (wird ermöglicht durch selbständiges Arbeiten der anderen Schüler)

Wenn wir die unglaubliche Lebendigkeit, Kreativität und Offenheit von Vorschul- und Grundschulkindern sehen, wenn wir registrieren, wieviel sie von sich aus lernen, werden wir feststellen, dass wir ihnen nur etwas ‚Stoff' zu geben brauchen, also Material, Informationen und Aktivitätsmöglichkeiten. Sie werden dieses ‚Baumaterial' verwenden, auf ihre Weise, zu ihrer Zeit. Wir müssen uns verabschieden von dem Bild des Eintrichterns, des Vermittelns von festen, genormten Lehrinhalten. „Die Rolle des Erwachsenen in der Montessori-Umgebung besteht aus zwei Paradoxien: Sie lehren ohne zu unterrichten; sie sind allgegenwärtig, treten jedoch bescheiden in den Hintergrund. Im herkömmlichen Sinn ‚lehren' sie gar nicht, sie ermöglichen es vielmehr den Kindern, zu lernen (Montessori)." Vielleicht sollten wir uns als Erwachsene (und besonders Lehrer) an die Zen-Aufforderung „Nichts wollen! – Lass es entstehen!" halten, die Celibidache, der ehemalige Dirigent der Münchener Philharmoniker seinen Musikern bei den Proben gerne zurief, wenn zuviel ‚Absicht' die musikalische Freiheit störte. „Die Lehrerin tut weiter nichts, als ihm am Anfang zu helfen, sich unter so vielen verschiedenen Dingen zurechtzufinden und ihren genauen Verwendungszweck zu erlernen; sie führt das Kind also in das geordnete und aktive Leben seiner Umwelt ein. Doch dann lässt sie ihm seine Freiheit bei der Auswahl und Verrichtung seiner Tätigkeit (Montessori 1969:72)." Einführung in das geordnete Leben bedeutet vor allem einen verbindlichen Rahmen festzulegen und klare Grenzen zu setzen, sonst wird Freiheit zu Beliebigkeit und verliert ihren konstruktiven Charakter.

Die Beobachtung bzw. Wahrnehmung des Kindes ist auf drei Ebenen von Bedeutung: Das Kind unvoreingenommen wahrzunehmen und zu respektieren, ist eine Grundvoraussetzung für alle innengesteuerten Lernprozesse. Zweitens hilft unsere Aufmerksamkeit dem Kind Schwierigkeiten zu überwinden, ohne dass wir auch nur ein Wort gesagt oder einen Handschlag getan hätten. Wenn wir darüber hinaus des Entwicklungsstandes des Kindes in kognitiver und sozialer Hinsicht gewahr sind und das Kind dabei annehmen und lassen können, erleichtern wir es dem Kind, sich dessen selbst bewusst zu werden und damit auch Verantwortung für sein Handeln zu übernehmen. Die Bedeutung der Fähigkeit, wirklich zu beobachten und den Impulsen, sich einzumischen zu widerstehen, wird von Montessori immer wieder betont. „Die Erzieherin hat zwei Aufgaben: die Kinder zur Konzentration führen und danach ihnen in der Entwicklung zu helfen. Die fundamentale Hilfe in der Entwicklung, besonders bei Kindern von drei Jahren, ist das Nichteingreifen. *Einmischung hemmt Aktivität und hemmt die Konzentration* (Montessori)." „Dies ist sehr schwierig, weil die Erzieherin sich alle Augenblicke einmischen muss, *bevor* die Kinder normalisiert sind (Montessori 1979:20f.)." Unter Normalisierung versteht Montessori im Wesentlichen die Fähigkeit selbständig und konzentriert zu arbeiten, darin besteht das Ziel der Tätigkeit des Lehrers. Es wird offensichtlich, dass wir uns auf einem schmalen Grat bewegen. Wir müssen unterscheiden lernen, wann ein Kind konzentriert an der eigenen Entwicklung arbeitet und wann es eher einer destruktiven Dynamik folgt. An dieser Stelle ist unser Eingreifen, das Setzen einer klaren Grenze nötig.

Weil sich der Montessori-Lehrer nicht durch Korrektur einmischt und sie nicht fortwährend drängt und kontrolliert, kann eine ganz andere Beziehungsbasis zwischen Schüler und Lehrer entstehen, als wir das von der Regelschule gewohnt sind. Die Schüler müssen nicht mit Rückzug oder Widerstand auf permanentes Dirigiertwerden reagieren, sondern empfinden den Lehrer wirklich als Begleiter und Förderer. So kann das entstehen, was Martin Buber eine dialogische Beziehung genannt hat: Ohne die unterschiedlichen Positionen zu ignorieren, kann eine Beziehung wachsen, die auf einer offenen und respektvollen Kommunikation beruht. Nur wenn wir als Lehrer den inneren Druck, Inhalte vermitteln zu müssen, loslassen können, werden wir innerlich frei für einen wirklichen Kontakt mit dem Kind. In uns kann ein Raum entstehen, der uns in die Lage versetzt, das Kind wirklich zu *sehen* und es zu *hören*. Wer sich auf Kinder einlässt, kennt die Momente, in denen in der unmittelbaren Begegnung etwas aufleuchtet, eine innere Realität, die größer ist als das äußere Verhältnis. Dieser ‚wirkliche‘ Kontakt ist es, den Schüler auch zu ihrem Lehrer wünschen. Die Kinder möchten ihren Lehrer lieben und verehren, so wie sie es auch mit ihren Eltern tun.

An welcher Stelle und mit welcher Haltung ist dennoch unser Wirken gefordert? „Dass die jugendliche Spontaneität nicht unterdrückt werden soll, dass man sie hergeben lassen soll, was sie herzugeben vermag, sind Erkenntnisse, die eine wirkliche Erziehung ermöglichen – ob aber auch begründen? (Buber 1986:22).“ Martin Buber drückt aus, dass unsere Reaktion, unser Dialog mit dem Schüler genauso essentiell ist wie die Freiheit. Er beschreibt es auf eine Art, die es uns ermöglicht einen Geschmack von der *Qualität*, die dieser Dialog haben kann, zu bekommen: „Nun aber beginnt erst die zarte, fast unmerkliche und doch gewichtige Einwirkung: Kritik und Anleitung… Dieses so fast unmerklich Hinzutretende, dieses Leiseste, ein Fingerheben vielleicht, ein fragender Blick ist die *andere Hälfte* des erzieherischen Geschehens… Die von der Freiheitstendenz bestimmte moderne Pädagogik verkennt in ihrer Theorie die Bedeutung dieser anderen Hälfte, wie die von der Autoritätsgewohnheit bestimmte alte die Bedeutung der ersten Hälfte verkannte (ebd. 22/23)“.

Die Lehrerin begleitet die Arbeit am kleinen Rechenrahmen

Vielleicht sind wir so sehr durch unsere eigenen – oft negativen – Schulerfahrungen geprägt, dass wir kein Bild von einem Lehrer haben, der einerseits Aufgaben und Themen gibt, sein Wissen und Können zur Verfügung stellt und damit auch eine Vorbildfunktion hat und andererseits jedem Schüler die Möglichkeit gibt, sich auf seine Weise der Aufgabe zu stellen.

Entscheidend ist allerdings die Fähigkeit des Lehrers zur genauen Wahrnehmung der Prozesse seiner Schüler, so dass er ihnen zur richtigen Zeit die richtigen Impulse geben kann. Heinrich Jacoby formulierte es so: „Aufgaben sind so zu stellen, dass sie an etwas anknüpfen, was die Kinder interessiert … In Kontakt mit einer wirklich akzeptierten Aufgabe formt sich in einem gewissermaßen jede Faser zum Bereitwerden für die Lösung dieser Aufgabe." Montessori beschreibt diesen Prozess im Zusammenhang mit der Darbietung des Materials. Auch hier geht es um das genaue Einschätzen des Leistungs- und Interessenstandes des Kindes, um genau da anzuknüpfen. Der Lehrer zeigt dann den Umgang mit dem Material und gibt damit Anregung und Aufgabenstellung für die selbständige Weiterarbeit des Kindes. Nun allerdings ist das Kind frei, diese Aufgabe anzunehmen, sie abzuwandeln oder auch die Arbeit zu beenden. Nur wenn es innerlich bereit ist, kann die besondere *Qualität* des Lernens und Erarbeitens entstehen.

Die Schwierigkeit, mit dem Spannungsfeld zwischen den Entwicklungsbedürfnissen der Kinder und den Anforderungen von Lehrplan, Gesellschaft und Eltern umzugehen, kennen viele Montessori-Schulen. Jede Schule, jedes Lehrerkollegium sollte sich klar darüber verständigen, welche Basisinhalte sie in Abstimmung mit dem amtlichen Lehrplan in welchem Zeitrahmen mit den Schülern erarbeiten möchte. Dies sollte den Schülern deutlich gemacht werden, nur dann können sie sich darauf einstellen und damit umgehen.

Liebe und Respekt: Die Aufgabe des Erwachsenen

> *„Vor allem erfordert es eine grundlegende Umorientierung unseres Bewusstseins, so dass wir lernen, auf jene tiefe Weise zu sehen, die aus dem Gewahrsein des gegenwärtigen Augenblicks erwächst und das Beste in uns selbst und in unseren Kindern zutage fördert."*
>
> *(Myla und Jon Kabat-Zinn)*

In unserer vom Blick auf unmittelbare Erfolge geprägten Kultur wird die Begleitung von Kindern ideell und finanziell wenig gewürdigt. Das bekommen besonders Mütter zu spüren. Kinder brauchen jedoch nicht nur die ersten paar Jahre unsere Hilfe in Form eines liebevollen Nährbodens, sondern auf angemessene Weise, bis sie 18 oder 20 Jahre alt sind. Das ist schwer, wenn wir den Kopf voll haben mit Terminen, Telefonaten und Sonstigem. Aus dieser Sicht ist es unsere Aufgabe als Erwachsene, in unserem Leben und auch in uns einen wirklichen Raum zu schaffen, in dem wir offen und bereit für Kinder sein können und unsere Familie nicht wie ein gut funktionierendes Unternehmen zu führen. Wenn wir es schaffen, uns darauf einzulassen, werden wir allerdings häufig belohnt mit der tiefen inneren Befriedigung, die aus einem echten menschlichen Kontakt erwachsen kann.

Montessori selbst spricht von dem Wert, den unser Leben mit Kindern für uns Erwachsene hat: „Das Kind und der Erwachsene sind zwei verschiedene Teile der Menschheit, die aufeinander wirken und bei gegenseitiger Hilfe in Harmonie sein sollten. Es ist also nicht nur so, dass der Erwachsene dem Kind helfen muss, sondern auch das Kind muss dem Erwachsenen helfen…, dass das Kind eine offenbar kostbare Hilfe für den Erwachsenen ist und dass es gemäß der Absicht Gottes einen formativen Einfluss auf die Welt der Erwachsenen haben soll (Montessori 1995:17)“. Durch unser Leben mit Kindern werden wir fast dazu gezwungen, bestimmte innere Qualitäten zu entwickeln, die vielleicht die heute vielzitierte soziale und emotionale Kompetenz beinhalten, aber auch noch darüber hinausgehen. „Der zarte, intime, liebende, ehrfurchtsvolle, elastische und vertraute Charakter des Herzens, der sich in den langen Jahren der Lebensbeziehungen zwischen dem Kind und den Eltern entfaltet, würde von ganz anderen Eigenschaften ersetzt werden (wenn wir keine Kinder zu versorgen hätten, d. Verf.). Als Kind kann das Kind die Erwachsenen im günstigen Sinn ändern (ebd.: 21)“.

Welche Rolle, welche Haltung als Erwachsener gegenüber dem Kind ist es also, die Montessori fordert? Sie verlangt vom Erwachsenen, auf die Rechte zu verzichten, die ihm früher zukamen. Er müsse verstehen, dass er keinen unmittelbaren Einfluss mehr auf Formung und Disziplin hat, er müsse die Kontrolle aufgeben und statt dessen Vertrauen in die verborgenen Kräfte des Kindes setzen (Montessori 1992:45). Jesper Juul (1999) hat versucht, einen wirklichen Wechsel in der Art der Beziehung wie folgt zu charakterisieren: Wo früher ein Verhältnis wie zwischen Subjekt (Erwachsener) und Objekt (Kind) bestand, geht es heute darum, das Kind als *Subjekt* zu respektieren und Beziehung zwischen zwei Subjekten zu ermöglichen. Es geht also um eine Begegnung zwischen Menschen, die auf Kontakt und Dialog beruht. Das bedeutet nicht, dass wir jegliche Autorität und unsere Position als Erwachsener aufgeben, doch liegt der Ausübung unserer Autorität eine neue innere Haltung zugrunde, die vor allem von Respekt vor dem Gegenüber geprägt ist. Wenn wir im Kindergarten darauf bestehen, dass ein Kind das von ihm benutzte Material wieder zurückräumt, werden wir das mit Nachdruck tun, weil wir als Erwachsene die Aufgabe haben, für die Einhaltung der Regeln zu sorgen. Wir werden es jedoch ,in Beziehung' tun, das heißt zum Kind hintreten, Kontakt aufnehmen und ihm direkt sagen, was wir von ihm erwarten. Wir drücken damit eine Haltung des Repektes aus, die das Kind direkt registriert. So einleuchtend das klingt, wie schwer ist es doch! Wie oft behandeln wir Kinder unabsichtlich als Objekt, indem wir laut werden, über sie verfügen, sie dirigieren, unterbrechen und bestimmen wollen.

Auch wenn wir versuchen, eine dialogische Beziehung aufzubauen, haben Erwachsener und Kind zwangsläufig eine andere Haltung zur Situation, sind „gleichwürdig (Juul, ebd.)", aber nicht gleich. Entscheidende Voraussetzung dafür ist unsere Offenheit für jeden Moment. Nur wenn wir immer wieder versuchen wahrzunehmen, was in jeder einzelnen Situation von uns verlangt wird, statt mit Hilfe von Techniken und Methoden Einfluss auf das Kind auszuüben, können wir das Kind auch in schwierigen Momenten im Blick behalten, das heißt, in der Beziehung bleiben. Voraussetzung ist eine innere *Präsenz* unsererseits, wann immer wir mit Kindern zu tun haben. Während wir also einem Kind beim Anziehen helfen, wenn wir ihm ein Material zeigen, macht es für das Kind einen großen Unterschied, ob wir in diesem Moment wirklich bei ihm und bei der Sache sind oder ob wir in Gedanken mit etwas ganz anderem beschäftigt sind. Ein weiterer Aspekt ist dabei die Qualität der Kommunikation. Wenn wir Dinge, die wir etwa mit dem Kind zu tun beabsichtigen, zum Beispiel es waschen, mit ihm weggehen und ähnliches, dem Kind vorher in Ruhe verbalisieren, kann es sich darauf einstellen, fühlt sich respektiert und ist eher bereit, darauf einzugehen.

Als Eltern, Erzieher und auch Lehrer sind wir es meistens gewohnt, ,in Aktion' zu sein, machen Dinge mit dem Kind, von denen wir glauben, dass sie gut für es seien, wir sind immer versucht, einzugreifen und vorzugeben, zu formen und zu führen, oft aus Ungeduld, aus Angst vor Chaos und Misserfolg. Damit nehmen wir den Kindern viel von dem Raum, den sie zu ihrer innengeleiteten Entwicklung bräuchten, für uns in Anspruch. Der Montessori-Erzieher und -Lehrer tritt dagegen weitgehend zurück von der aktiven und direkten Steuerung und Kontrolle des Geschehens. Stattdessen beobachtet er sehr bewusst, und agiert nur, wenn er wirklich gebraucht wird. „Während Sie Kinder beobachten … prüfen Sie sich, wie oft Sie versucht sind, einzuschreiten. Vermerken Sie auch, wie oft Sie den Impuls haben, Ihrem Nachbarn zu sagen, was Ihnen interessant erscheint. Sie können alle diese Impulse zählen, und Sie werden dann beurteilen können, welcher Abstand besteht zwischen Ihnen, wie Sie jetzt sind, und der Zeit, wenn Sie ein vollkommener Beobachter sein werden. Dieses Stillsein ist für manche Leute sehr schwer. Wir sind so daran gewöhnt, unseren eigenen Impulsen zu folgen, wir sind so davon überzeugt, dass unsere Handlungen immer für andere nützlich sind, so gewiss, dass wir etwas gut machen, was andere schlecht machen, so gewiss, dass wir etwas vollenden können, was unvollendet ist. Und da gewöhnlich diese Impulse als gut angesehen werden, so haben wir nie geübt, sie zu kontrollieren… Ich schlug einigen Lehrern vor, eine Perlenkette zu nehmen und jedes Mal, wenn sie den Impuls hätten sich einzumischen, eine Perle zur Seite zu schieben. Von Tag zu Tag würde man sich auf diese Weise *selbst beobachten*, bis man zu dem Punkt käme, dass man keine Perle mehr schieben müsste. Dann würden wir finden, dass wir eine große Stille und das Gefühl der Ruhe erlangt hätten, und vielleicht hätten wir uns innerlich gewandelt (Montessori, Über das Beobachten).“

Erst wenn wir selbst zur Ruhe kommen und entspannen, können wir uns einschwingen auf die ‚Wellenlänge‘ des Kindes, es beobachten, ihm unsere Aufmerksamkeit schenken. So entsteht der Raum, in dem die Kinder in ihrem Rhythmus wachsen und sich entfalten können. Das bewusste Gewahrsein, also die gezielte und doch dezente Beobachtung wirkt positiv auf uns selbst und auf das Kind. Immer, wenn es in der Montessori-Schule Niederseeon Schwierigkeiten mit einem Kind gibt, wird versucht, es für einen bestimmten Zeitraum besonders aufmerksam zu beobachten. Dadurch erfahren und verstehen die Lehrer häufig ganz andere Seiten des Kindes. Andererseits scheint das Gefühl, gesehen und wahrgenommen zu werden, bei manchen Kindern allein schon eine Entspannung oder Veränderung zu bewirken.

Besonders Rebeca Wild (1986) weist darauf hin, dass das Gefühl des Angenommen- und Geliebtseins das erste und wichtigste Entwicklungsbedürfnis des Kindes ist. Diese Abhängigkeit von unserer Liebe ist es, die sie manipulierbar macht. Wenn wir ihnen dieses Gefühl bewusst oder unbewusst vorenthalten, werden Kinder in der Hoffnung, dadurch unsere Liebe oder wenigstens Bestätigung zu erlangen, fast alles tun. Erst wenn sie sich dessen sicher sind, können sie ihrer inneren Führung folgen und sie werden frei, unbekümmert zu forschen und zu entdecken. Das sichere Gefühl, angenommen zu sein, entsteht freilich weniger durch wiederholte Äußerungen wie „Ich hab dich ja soo lieb!", als vielmehr durch unser tägliches *Sein*, durch unsere Bereitschaft, ohne Bedingungen für das Kind da zu sein. Wenn ein Kind in Schule oder Kindergarten beispielsweise die Sicherheit, wirklich angenommen zu sein, nicht unmittelbar spürt, wirkt sich das aus: der natürliche Impuls zur Eigenaktivität wird nicht voll und ganz zur Geltung kommen können. Vor jeder Erziehung geht es also darum, das Kind zu sehen, anzunehmen und ihm seinen Weg und seine Lebendigkeit zu lassen und ihm auch in schwierigen Situationen vom Herzen her zu begegnen.

Montessori fordert uns immer wieder auf, Kinder nicht nur äußerlich zu betrachten, sie nach ihren Stärken und Schwächen einzuordnen, sondern sie als „hochgeistige Wesen (1995:84)" zu sehen. „Wenn Sie keine Vorstellung haben von der Seele des Kindes, können Sie ihm in der Entwicklung nicht helfen (Montessori 1995: 102)". Sie fordert darum unsere besondere Feinfühligkeit im Umgang mit Kindern. Dazu gehört besonders auch Geduld. Katharina Martin beschreibt eindrücklich die Bedeutung unserer Geduld, um das zarte Innere des Kindes nicht zu beeinträchtigen: „Geduld schafft so etwas wie einen unsichtbaren Schutzwall um den Raum des Kindes. Sie bildet den Puffer zwischen der schnellen Welt des Erwachsenen und dem langsamen, der Natur näheren Tempo des Kindes. Die Welt des Kindes und seine Strukturen sind viel fragiler – Ungeduld durchbricht mit ihrer Kraft die unsichtbaren Schilde um die Lebensprozesse des Kindes (Martin 2000:8)".

Wir können versuchen, unsere Augen zu öffnen für eine Wirklichkeit im Kind, die hinter oder auch in seinem Verhalten verborgen existiert und die in jedem Moment der Begegnung enthalten ist. Zur Entfaltung seines Wesens ist das Kind darauf angewiesen, dass diese Wirklichkeit gesehen und angenommen wird. Montessori spricht davon, dass es im Kind etwas Großes gibt, weil es von Gott geschaffen wurde (1995:88). „Dieser Grundgedanke setzt das Kind und den Erwachsenen in eine sehr innige Beziehung zueinander, weil alle beide abhängige Wesen sind und diese Abhängigen sich lieben und sich gegenseitig helfen müssen (ebd.)". Wenn wir uns eins mit uns selbst fühlen, wenn wir uns und das Kind annehmen, wie es ist, kann diese Innigkeit entstehen, in der wir über unsere sonstigen Befürchtungen und Bewertungen hinauswachsen können. Montessori fordert uns auf, all unsere Bemühungen daranzusetzen, das Göttliche im Kind zu schützen und zu nähren: „Nehmen Sie die Aufgabe auf sich, dass ihr reines Licht nicht ausgelöscht werde und schützen Sie in ihrer Entwicklung jene natürlichen Kräfte, die ihnen die führende Hand Gottes eingepflanzt hat… (Montessori 1967:195)".

Aus dieser Haltung folgt, dass wir das Kind nicht formen und gestalten sollen, sondern uns – im Gegenteil – von ihm führen lassen sollen. Das bedeutet nicht, dass wir uns von ihm sagen lassen sollen, was wir tun sollen, sondern dass wir uns in unserem Handeln an den „natürlichen Kräften" des Kindes orientieren (ebd. 1979:42/43). „Was weiter manche Leute schockiert ist, dass ich sage, wir sollten dem Kind dienen. Die Bedeutung dessen ist recht unklar und vermittelt gewissen Menschen die Vorstellung, wir betrachteten das Kind als uns im Urteil und in anderen Punkten so überlegen, dass wir uns ihm unterwerfen und geradezu seine Dienstboten werden sollen. Was wir meinen ist, dass es im Kind einen göttlichen Schöpfungsanteil gibt und dass wir diesem dienen sollten (Montessori 1979:42/43)". An dieser Stelle werden wir in aller Regel heftig in Konflikt mit unserem Ego kommen. Wenn wir die Bedürfnisse des Kindes wirklich ernst nehmen, bedeutet es besonders für Eltern, ihre eigenen Bedürfnisse zurückzustellen, was gerade in unserer ‚Ego-betonten' Zeit, einem tiefgreifenden Wandlungsprozess gleichkommt.

Jeder, der sich auf den Weg macht, nach neuen Wegen mit Kindern zu suchen, wird feststellen, dass er häufig nicht so kann, wie er gerne will, und dass er mitunter genau so reagiert, wie er es gerade nicht wollte. „Vielleicht merken wir nun hin und wieder, dass die genossene Erziehung uns mehr verwirrt als erleuchtet hat. Nun wäre die Gelegenheit gegeben, neue Klarheit zu gewinnen. Wir wurden vielleicht trainiert, uns vor allem für materielle oder intellektuelle Probleme zu interessieren. Jetzt müssen wir uns lebendigen Prozessen stellen, die sich unserem gewohnten Denken entziehen. Wir lernten vielleicht, Denken und Fühlen säuberlich zu trennen. Nun geht es darum, sie wieder zu vereinen und damit zu einer neuen Harmonie im eigenen Leben zu kommen (Wild 1991:23)." Wenn wir als Erwachsene nicht versuchen, unsere eigene Sozialisation zu verstehen und zu verarbeiten, werden wir besonders mit Kindern immer wieder aus unbewussten Mustern heraus handeln, so dass kein wirklich neuer Weg entstehen kann. Lehrer und Erzieher in Montessori-Einrichtungen haben in der Regel die übliche pädagogische Ausbildung „genossen" und anschließend eine Montessori-Ausbildung absolviert. Jedoch sind sie selbst mit dem alten System groß geworden, haben es sozusagen mit jeder Zelle aufgesogen. Sie spüren vielleicht, dass sie sich schwer damit tun zu beobachten und mit Achtsamkeit und Präsenz bei den Kindern zu sein.

Maria Montessori selbst spricht immer wieder von der dringenden Notwendigkeit der Vorbereitung des Lehrers/Erziehers, sie sieht besonders in der inneren Haltung des Erwachsenen ein wesentliches Hindernis für einen neuen Weg mit Kindern: „Ich kann versichern, dass die Offenbarungen des Kindes gar nicht so schwer zu erreichen sind. Die wirklichen Schwierigkeiten liegen in den alten Vorurteilen des Erwachsenen gegenüber dem Kind, in dem blinden Unverstand, in den Schleiern, die eine willkürliche und ausschließlich auf der menschlichen Vernunft, ja mehr noch auf dem unbewussten Hochmut als Herrscher ruhende Erziehung gewebt haben, so dass die Werte der weisen Natur uns verborgen bleiben (Montessori 1966: 29)". Auch wenn diese Worte hart und irgendwie veraltet klingen, drücken sie doch etwas Wesentliches aus, was leicht übersehen wird. An anderer Stelle schreibt sie auch, dass die Lehrerin, wenn sie „für eine Zeitlang alles, was sie gelernt hat, womit ihr der Kopf vollgepfropft ist, … vergessen (kann), … bald sehen wird, wie eine völlige Umwandlung sich in dem Kinde vollzieht (Montessori 1954:64/ 65)". Vielleicht können wir selbst im Kontakt mit Kindern manchmal spüren, wie weit wir Erwachsenen oft von ihrem Erleben, von ihrer Spontaneität und Lebendigkeit, von ihrer Sichtweise der Welt entfernt sind. Es geht nicht darum, wieder zum Kind zu werden, aber uns so weit auf ihr *Sein* einzulassen, dass wir es spüren und sehen können, erlaubt den Kindern, in ihrer Welt zu bleiben und nach ihrem Plan zu lernen und zu wachsen.

Montessori gibt wenig Hinweise, *wie* die Vorbereitung des Lehrers und Erziehers aussehen soll, und in den Montessori-Diplomkursen ist dieser Aspekt allenfalls ein Randthema. Es gilt also, Wege zu finden, die uns helfen, die genannten Schleier, die uns an einer klaren Wahrnehmung hindern, zu lichten. Nun, wir können immer wieder versuchen, unsere eigenen Prozesse und die der Kinder zu sehen und zu verstehen, uns mehr auf das *Sein* als auf das Machen zu beziehen, unsere emotionale und soziale Kompetenz zu entwickeln. Begleitung und Supervision auf Basis der humanistischen Psychologie, wie etwa der Gestaltarbeit, die sich von ihrem Ansatz her gut mit der Montessori-Pädagogik verträgt, kann hierbei für Teams wie auch für einzelne Mitarbeiter eine große Hilfe sein. Besonders in Montessori-Schulen und -Kindergärten ist es wichtig, immer wieder unseren eigenen Prozess und einzelne Situationen zu reflektieren, das heißt die Aufmerksamkeit auch auf *unser* Handeln zu lenken. Wann ist es förderlich, ein Kind, dem ich eine Einführung gegeben habe, wieder allein zu lassen, wann braucht es noch meine

Aufmerksamkeit? Wann ist es wichtig auf Regeln und Grenzen zu bestehen, wann muss ich etwas loslassen? Dafür gibt es keine Rezepte, sondern es geht dabei immer wieder um das genaue Hinschauen, um das wache Suchen nach einer adäquaten Reaktion auf eine bestimmte Situation.

Leben und Arbeiten mit Kindern bietet uns Anlass zu fortwährender Selbstbeobachtung und Selbsterforschung, folgende Fragen können uns dabei helfen: Wie erlebe ich *mich*? Wann bin ich mit den Kindern in Kontakt? Wann arbeite ich mit Macht? In welchen Situationen lernen die Kinder *wirklich* etwas? *Wie* lernen sie? Wie steht es mit meiner Fähigkeit zu lernen und kreativ zu sein? Wann lasse ich mich von verborgenen Kommunikationsmustern leiten? Wie wirkt sich das auf den Kontakt zu Kindern und Kollegen aus? Wie reagiere ich auf die Lebendigkeit der Kinder? Welche Qualität hat meine Beziehung zu den Kindern? Wie kann ich dahin kommen, die Kinder in ihren Bedürfnissen wirklich zu sehen? Das große Geschenk im Zusammensein mit Kindern liegt darin, dass sie uns unser ‚Sein‘ immer unmittelbar spiegeln, so dass wir untrügliche Antworten zu diesen Fragen erhalten. Es geht unter anderem darum, wieder *sehen* zu lernen. Gerade als Lehrer lassen wir uns allzu oft von unseren Vorstellungen leiten. Auch in Montessori-Schulen verhindern Lernziele und Unterrichtsplanungen mitunter einen freien und offenen Blick auf das Kind. Unsere Beziehungen zu den Schülern sind so immer wieder getrübt durch unsere eigenen Wahrnehmungsschablonen. „Nimm erst den Balken aus dem eigenen Auge, und du vermagst auch den Splitter aus dem Auge des Kindes zu nehmen… Wir bestehen mit Nachdruck darauf, dass der Lehrer sich innerlich vorbereiten muss: er muss mit Beharrlichkeit und Methode an sich selbst studieren, damit es ihm gelingt, seine hartnäckigsten Mängel zu beseitigen, eben die, die seiner Beziehung zum Kinde hinderlich sind (Montessori 1987: 153).“

Wir kommen um diese – wenn auch mühsame – ‚Arbeit‘ nicht herum, weil sich Kinder weniger für unsere Erziehungsideale, als für unser alltägliches, konkretes Sein interessieren. Wenn wir uns selbst beobachten, uns in Geduld und Achtsamkeit üben, werden wir merken, dass in unseren Handlungen, beim Anziehen, bei Konflikten zwischen Kindern, im Umgang mit Regeln und Grenzen und im Unterricht Schritt für Schritt subtile, ungeahnte Veränderungen eintreten.

Lebensschule – Raum zur Entfaltung der Persönlichkeit

Montessoris Ziel war es nicht, eine ausgeklügelte Didaktik zur Effektivierung des Unterrichts zu formulieren, sondern sie wollte Voraussetzungen für eine Entwicklung der gesamten Persönlichkeit des Kindes schaffen. „Das Problem der Erziehung des Charakters ist von der Schule bisher vernachlässigt worden … Unter allen Bedürfnissen des Kindes vernachlässigt man das menschlichste: die Ansprüche seines Geistes, seiner Seele. Der Mensch im Kind bleibt uns verborgen (Montessori 1992: 35/36)." Die Montessori-Pädagogik geht über die bloße Wissensvermittlung der Staatsschule hinaus: durch aktives Lernen können Verständnisstrukturen reifen und zweitens steht die Bildung der gesamten Persönlichkeit im Zentrum. Dies umzusetzen fällt allerdings auch in Montessori-Schulen häufig nicht leicht. Lehrer sind dafür nicht ausgebildet, wir sind es nicht gewohnt, dass innere Leben des Kindes wahrzunehmen und damit umzugehen. Wenn es um Schule geht, schalten wir automatisch auf die Ebene des ‚Denkens' und vernachlässigen die ‚Herzensebene', auf der sich Kinder auch im Grundschulalter noch überwiegend befinden und für die sie unsere ‚Nahrung' brauchen. „Kleine Kinder zwischen drei und sechs Jahren haben eine besondere Psychologie. Sie sind voller Liebe. Ohne Liebe sind sie nur, wenn man sie schlecht behandelt. Wenn man schlecht mit ihnen umgeht, so ändert sich ihre wirkliche Natur. Sie selbst sind voller Liebe, und sie brauchen Liebe, um aufzuwachsen (Montessori 1995: 103)." Wir können diese Ebene nähren, indem wir entsprechende Geschichten erzählen oder vorlesen, vor allem aber indem wir bereit sind, uns auf das Denken und Fühlen der Kinder einzulassen und – diese Welt des Kindes vielleicht auch für uns als Bereicherung zu empfinden.

Während meiner Zeit in der Montessori Schule Niederseeon war mir offensichtlich, dass wir nicht nur Voraussetzungen für aktives Lernen schaffen müssen, sondern ebenso für die innere Entwicklung der Kinder. Dazu gehört die Werte-Erziehung ebenso wie die von Montessori so bezeichnete Charakter-Erziehung. Obwohl uns bewusst war, dass wir auch auf diesem Gebiet neue Wege gehen müssten, machte ich in der Praxis Erfahrungen, die ich bei Martin Buber sehr treffend ausgedrückt fand: „Ich habe den fatalen Fehler begangen, Ethos zu *unterrichten*, und was ich sagte, wird als gangbare Kenntnismünze aufgenommen, nichts davon aber verwandelt sich in Substanz, die den Charakter aufbaut... Wenn aber die Schüler merken, dass ich ihren Charakter erziehen will, lehnen sich gerade manche von denen auf, die am ehesten in sich das Zeug zu einem echten eigenständigen Charakter haben; sie wollen sich nicht erziehen lassen, genauer: sie wollen nicht, dass man sie erziehen wolle (1986:67/68)". Werte oder Ethik zu unterrichten führt allzu leicht zu einer aufgesetzten Moral. Montessori betont immer wieder, dass auch in diesem Bereich die Entwicklung von innen ausgeht, dass es ihr um eine vom Kind erarbeitete Selbstdisziplin geht statt einem erzwungenen Gehorsam. Nur wenn wir für sie da sind ohne schon immer zu wissen, was richtig und falsch ist, kann ein Raum entstehen, zunehmend frei von Mustern, Erwartungen und Forderungen, in dem sich Kinder – auch charakterlich – nach ihrem eigenen inneren Gesetz entwickeln können. An erster Stelle geht es also um unseren Charakter und unsere Werte: wenn *wir* möglichst respektvoll, gewaltlos in der prinzipiellen Bedeutung des Wortes, liebevoll und wahrhaftig mit den Kindern *sind*, werden sie es aufsaugen und diese Qualitäten integrieren können. Es geht also um unseren Alltag mit den Kindern, nicht um feierliche Bekenntnisse und Belehrungen. In Bezug auf das ‚Lernziel Mitgefühl' schreibt Rebeca Wild: „Im gleichen Maß, wie sie sich respektiert und geliebt fühlen, erlangen sie die Fähigkeit, diesen Respekt und diese Liebe an andere weiterzugeben und deren Bedürfnisse zu fühlen und zu erfüllen (Wild 1986:156)". Wichtig ist dabei, dass wir uns nicht unter Druck setzen, perfekte Eltern sein zu müssen, um der Entwicklung

unseres Kindes nicht zu ,schaden'. Wir haben alle unsere Schwach-
stellen – perfekte Eltern gibt es nicht. Unseren Kindern mit Aufrich-
tigkeit und Offenheit immer wieder zu begegnen und selbst immer
wieder kleine Schritte zu versuchen – nur darauf kommt es an.

Wenn wir bei Konflikten zwischen Kindern beiden Kontrahenten
beistehen und sie darin unterstützen, sich zu artikulieren und gemeinsam nach einer Lösung zu suchen, können sie Erfahrungen mit
Regeln und Werten machen, anstatt fertige Lösungen präsentiert zu
bekommen. Wenn wir Kindern vermitteln wollen, Verantwortung
für ihr Handeln zu übernehmen, müssen wir ihnen die Freiheit
dafür geben, ohne die Verantwortung unmöglich ist. Im Rahmen
der Freiarbeit lernt das Kind, zunehmend für sich und seinen eigenen Lernprozess Verantwortung zu übernehmen, lernt es die Folgen
eigener Handlungen abzuschätzen und abzuwägen, wie es im Rahmen eines gebundenen Unterrichts unmöglich wäre. Auch soziales
Verhalten erarbeiten sich Kinder in diesem Raum, der ihnen die
Möglichkeit zu freier sozialer Interaktion bietet. Das soziale Lernen
fängt in unmittelbaren *Beziehungen* an. Die Kinder finden Freunde
und bilden Gruppen, Cliquen, sie verbünden sich und trennen sich
wieder, sie gehen Beziehungen ein und sind mit Konflikten konfrontiert. Dabei erfahren sie Grenzen auch durch die Reaktionen ihrer
Mitschüler, sie tauschen sich aus und erhalten Anregung. Sie suchen
ihren Platz in dieser noch überschaubaren Welt. Hier findet das von
innen geleitete soziale Lernen statt.

All diese Lernschritte und Erfahrungen sind nur in einem offenen
System möglich, in dem sich Kommunikation in der sozialen Gruppe nicht auf die Pause und gelenkte Gespräche reduziert. Besonders
Piaget hat immer wieder auf die Bedeutung dieser freien Interaktion, aus der sich Erwachsene möglichst mit ihren Meinungen
heraushalten, für Friedenserziehung und die Entwicklung von sozialer Kompetenz hingewiesen. Nicht zu vergessen ist die reifungs-
bedingte Entwicklung des Kindes. Piaget hat die grundlegende
Orientierung bis zum Alter von 11 oder 12 Jahren ,Egozentrismus'
genannt. Das bedeutet, dass das Kind sich selbst unbewusst bis zu
diesem Zeitpunkt als den Mittelpunkt der Welt empfindet. Nur so

sind viele Diskussionen und Szenen beispielsweise zwischen Geschwistern zu verstehen, bei denen sich auch 10-Jährige noch verhalten, wie wir es von 5-jährigen Kindern erwarten würden. Erst zu Beginn der Pubertät kommt die ‚Kopernikanische Wende'. So wie auch die Menschheit sich mitsamt der Erde bis zu den Erkenntnissen von Kopernikus und Gallilei im Zentrum des Universums wähnte, so fühlen sich auch Kinder, und erst in diesem Alter wächst ein realistisches Verständnis für den eigenen Platz in der Welt. So sind viele unserer Versuche, jüngeren Kindern auf Vernunftbasis Werte zu vermitteln, zum Scheitern verurteilt, weil sie zum Beispiel nur in bestimmten Situationen in der Lage sind, den Standpunkt eines anderen einzunehmen und entsprechend Rücksicht zu nehmen.

Allerdings brauchen sie immer wieder die Erfahrung, dass andere Menschen andere Standpunkte und Bedürfnisse haben, und dass es Regeln gibt, die das Recht des Stärkeren verhindern. Montessori hat etwa die Tatsache, dass in jeder Klasse oder Gruppe jedes Material nur einmal vorhanden ist, mit dem damit verbundenen sozialen Lerneffekt begründet. Wenn also ein Kind mit einem Material arbeiten möchte, welches gerade in Benutzung ist, muss es warten oder mit etwas anderem vorlieb nehmen, bis das gewünschte Material wieder im Regal steht. Durch viele solche Erlebnisse bildet sich ohne viel Erklärung ein Erfahrungsnetz im Kind, das es wirklich verdauen und integrieren kann.

Neben dieser alltäglichen Erfahrung haben Kinder auch ein Bedürfnis nach einem besonderen Raum, in dem Muße oder Stille herrscht, in dem sie Märchen, Geschichten und Legenden von Heiligen und vorbildlichen Menschen hören und kennen lernen können. Sich darüber ohne den moralischen Zeigefinger auszutauschen, mit den eigenen Fragestellungen nach Gerechtigkeit und Gut und Böse gehört und ernst genommen zu werden und vielleicht gemeinsam zu singen, kann – wenn sie dazu bereit sind – zu der oben beschriebenen Nahrung für die Seele des Kindes werden. Montessori hat sich ausführlich über die Bedeutung der Stille für die Entwicklung des Kindes geäußert. Sie habe einen hohen inneren Wert für die Ver-

Im Kreistanz erfahren die Kinder Bewegung und Stille

vollkommnung des Menschen, sie sei schlicht eine Notwendigkeit (Montessori 1998:81). Sie widerspricht dem verbreiteten Glauben, dass Kinder sozusagen der Inbegriff von Lautstärke seien. Sie betont allerdings immer wieder, dass man Ruhe und Stille nicht befehlen könne – „Ruhe!", wie wir es aus der Schule gewohnt sind –, sondern dass man sie den Kindern durch Erfahrung lehren müsse. Hierfür hat sie die ‚Lektion der Stille' entwickelt, die aus verschiedenen Übungen in der Gruppe besteht, durch die die Kinder ihre wohltuende Wirkung erleben können. Dazu gehört zum Beispiel die Übung, geräuschlos auf einer Linie zu gehen, ein Glöckchen geräuschlos im Kreis herumzugeben oder von der Lehrerin, die im durch eine offene Tür verbundenen Nebenraum die Namen der Kinder flüstert, gerufen zu werden und sich ihr geräuschlos zu nähern. Solche Räume, in Form eines Angebotes oder regelrecht in Form eines ‚Ruheraumes' anzubieten gibt Kindern Kraft, geistige Nahrung und innere Orientierung und sollte neben den vielen Möglichkeiten, sich mit der äußeren, materiellen Welt auseinander zu setzen, in einer vorbereiteten Umgebung für Kinder nicht fehlen.

Lebensschule – in dieser Schule bleibt das Leben nicht vor dem Schultor. Alle Seiten des Menschseins haben hier ihren Platz und finden für ihre Entfaltung förderliche Bedingungen: Emotionalität, Intelligenz, lebenspraktische Tätigkeiten, Handwerk, Kunst, Musik, Körperlichkeit/Bewegung, soziale Beziehungen, Seele und Geist. Dies alles ermöglicht eine ganzheitliche Entwicklung und ist dadurch gleichzeitig die beste Vorbereitung für die Zukunft.

Vorbereitete Umgebung heute: Lebensräume für Kinder in Familie, Kindergarten und Schule

Maria Montessori prägte den Begriff ‚vorbereitete Umgebung' vor über 90 Jahren. Sie hatte erkannt, dass unsere, für Erwachsene gestaltete Umgebung Kindern nicht entspricht. „Die soziale Umgebung, die wir für uns geschaffen haben, passt nicht für das Kind, es versteht sie nicht; also steht es ihr gezwungenermaßen fern, und da es sich unserer Gesellschaft, von der es ausgeschlossen ist, nicht anpassen kann, wird es der Schule anvertraut, die dann oft zu einem Gefängnis wird (Montessori 1992:35)." Es geht also nicht nur darum, Kindern durch die vorbereitete Umgebung ein leichteres Lernen zu ermöglichen, sondern grundsätzlich die Bedürfnisse von Kindern ernst zu nehmen und ihnen Raum zu geben, in dem sie ihren Interessen und Betätigungen selbständig nachgehen können. Wenn wir bedenken, wie sehr sich die Rahmenbedingungen für Kinder in den letzten 80 Jahren verändert haben, wird die Dringlichkeit echter ‚Lebensräume' für Kinder noch offensichtlicher. Geeignete Umgebungen für das Heranwachsen von Kindern werden durch unseren ‚Fortschritt' immer seltener. Für Straßen, Büros und Einkaufszentren werden riesige Summen investiert, an welcher Stelle unserer Prioritätenliste steht dagegen das, was junge Menschen für ihre menschlichen Reifungsprozesse brauchen? Wenn wir besonders die Innenstädte betrachten, wird deutlich, dass bei allen Bemühungen um die Attraktivität der Einkaufsmeilen die Kinder offenbar vergessen wurden. Kaufhäuser sind für Kinder in jeder Hinsicht unvorbereitet, trotz der Spielecke im 4. Obergeschoss. Diese Missachtung ihrer Bedürfnisse äußert sich in Wutausbrüchen und dem beliebigen ‚haben-wollen'. Nicht umsonst spricht Montessori davon, dass das Kind sich unserer Gesellschaft nicht anpassen *kann*. Es geht also heute darum, in allen Bereichen Räume zu schaffen, die den Bedürfnissen des Kindes gerecht werden.

Aus Sicht der Montessori-Pädagogik besteht die Hauptaufgabe des Erwachsenen bei der Begleitung von Kindern in der Schaffung und fortwährenden Anpassung und Gestaltung der vorbereiteten Umgebung. „Mit seiner ständigen Beaufsichtigung, seinen unausgesetzten Ermahnungen und seinen willkürlichen Befehlen stört und hindert der Erwachsene die Entwicklung des Kindes. Alle aufkeimenden guten Kräfte werden erstickt, nur eines bleibt dem Kind: der heftige Wunsch sich möglichst von allem und von allen zu befreien. Geben wir also die Rolle des Kerkermeisters auf und bemühen wir uns stattdessen, ihm eine *Umgebung zu schaffen*, in der man, soweit es irgend möglich ist, darauf verzichtet, es mit Überwachung und Belehrung zu ermüden. Je vollkommener die Umgebung dem Kind entspricht, desto mehr kann die Tätigkeit des Belehrenden zurücktreten (ebd.: 37)." Die vorbereitete Umgebung tritt in gewisser Weise an die Stelle des Erwachsenen, der im ‚alten System' belehrt, kontrolliert und instruiert hat und nun eine veränderte Rolle einnimmt. Allerdings braucht dieser freie Raum klare Grenzen und eine Struktur, die Orientierung ermöglicht. Wenn wir Kinder ‚sich selbst überlassen', ist das keine Gewähr für konstruktive Prozesse. Wir als Erwachsene beeinflussen die Aktivitäten der Kinder dadurch, *wie* wir die vorbereitete Umgebung gestalten. Wir sollten uns dabei immer am Entwicklungsstand der Kinder orientieren, an den sensiblen Phasen, die Ausdruck des inneren Bauplanes sind.

Die vorbereitete Umgebung soll Voraussetzungen für die freie Aktivität des Kindes schaffen. Dies ist nur gewährleistet, wenn sie auf einer sinnvollen Ordnung und Anordnung beruht, wenn sie ästhetisch ansprechend und übersichtlich gestaltet ist. Die Gegenstände sind grundsätzlich in offenen, halbhohen Regalen aufbewahrt, so dass sie jederzeit zugänglich sind und das Kind zur Benutzung anregen. Die Ordnung in den Regalen ist klar und übersichtlich, so dass es den Kindern auch ohne unsere Hilfe möglich ist, die benutzten Gegenstände wieder an ihren Platz zurückzubringen, so wie es in Montessori-Einrichtungen generell verlangt wird. In manchen Kinderhäusern können die Kinder selbständig kochen. Das ist nur möglich durch die liebevolle und detaillierte Vorbereitung der Umgebung: In der Kochecke ist auf Bildchen dargestellt, was gekocht werden kann: Möhre und Kartoffel, Apfelbrei, und Kaffee für die ErzieherInnen. Unter den Bildern ist jeweils die Kochzeit aufgeführt. Selbst wenn nicht alle Kinder die Zahlen schon lesen können, können sie doch das entsprechende Symbol (zum Beispiel 7) auf der Eieruhr wiederfinden und die Uhr stellen. Die Menge der Zutaten ist auf den Bildern zu erkennen: zwei Möhren, eine Kartoffel, ein Apfel usw. Es gibt zwei Tabletts mit jeweils zwei Schüsselchen, einem Schälmesser und einem Stecher für das Apfelgehäuse. In eine der Schüsseln kommen die Schalen, in die andere das Geschälte. Schließlich gibt es einen kleinen Topf, der genau auf die einflammige Kochplatte passt. Selbstverständlich ist das alles in der entsprechenden Höhe vorbereitet. Vielleicht wird an diesem Beispiel das Prinzip deutlich: In einem Umfeld, das ihren Fähigkeiten und Bedürfnissen entspricht, können sie tatsächlich frei und selbständig aktiv werden. Wenn Kinder bei uns mitkochen, unterbrechen unsere Ermahnungen, unser ‚pass auf!‘ usw. das Kind immer wieder in seinem Tun.

Ein wichtiger Aspekt der vorbereiteten Umgebung ist die *Altersmischung*. Kinder lernen viel und gerne voneinander und wir können immer wieder beobachten, dass die Älteren vom Erklären lernen. Gleichzeitig tun sich die Jüngeren häufig leichter, etwas von anderen Kindern als von Erwachsenen anzunehmen. Es entspricht dem natürlichen Bedürfnis des Kindes mit anderen Kindern unterschiedlichen Alters zusammen zu sein und zu lernen. Aus diesem Grund bestehen Montessori-Klassen in der Regel aus Kindern dreier Jahrgänge. Das heißt, Kinder der 1.–3. Klasse werden zusammengefasst, dann die 4.–6. Klasse, und so weiter. Da das nicht mit der Struktur des deutschen Bildungssystems übereinstimmt, beziehungsweise eine weiterführende Montessori-Schule voraussetzen wurde, existieren verschiedene ähnliche Modelle. Für bestimmte Themen oder Tätigkeiten kann es daneben freilich auch altershomogene Gruppen geben.

Im Kindergartenbereich ist die Bedeutung der vorbereiteten Umgebung in den letzten Jahren immer mehr erkannt worden. Die Schule jedoch nach diesem Prinzip zu organisieren, scheint dagegen noch recht utopisch zu sein. Und doch ist es genau das, was Montessori verlangt: Die Schule soll zu einem Ort werden, an dem das Kind in Freiheit leben kann und beste Entwicklungsbedingungen für sein geistiges, physisches und soziales Wachstum vorfindet (1976:135). Der von English/Hill benutzte Begriff vom *Lernzentrum* gibt uns vielleicht ein Bild, wie die Schule von morgen aussehen könnte. Anstatt der öden Klassenzimmer eine anregende Umgebung, in der die Schüler aus eigenem Interesse allein oder in Gruppen an Themen arbeiten, die sie interessieren, die ihnen einen schöpferischen Prozess ermöglichen. Materialien aller Art stehen ihnen dafür zur Verfügung. Die folgenden Kapitel werden das Bild vom Lernzentrum und vom Lebensraum für Kinder handgreiflicher und konkreter werden lassen.

Was können wir als Eltern tun, wenn wir anfangen, die anregende und befriedigende Gestaltung einer kindgerechten Umgebung als eine wichtige Aufgabe anzusehen. Wir können unsere Wohnung unter diesem Gesichtspunkt aus dem Blickwinkel des Kindes betrachten. Welche Möglichkeiten selbständig aktiv zu sein haben unsere Kinder in unserer Wohnung? In welchen Räumen können sie sich bewegen, ohne auf zerbrechliche oder besonders wertvolle Gegenstände Rücksicht nehmen zu müssen, wo haben sie Freiraum im wörtlichen Sinne, wo sie Höhlen, Burgen, Klettermöglichkeiten bauen können, ohne dass sie den üblichen ‚Verkehr‘ vollständig verbauen? Dabei auf das Kinderzimmer zu verweisen, reicht nicht aus. Diese sind oft klein und sind wichtig als Rückzugsmöglichkeit. Je kleiner aber die Kinder, desto größer ist in der Regel ihr Bedürfnis in unserer Nähe zu sein. Deshalb ist es gut, wenn es einen weiteren Platz in der Küche oder im Wohnzimmer gibt, eben der Ort, an dem wir uns häufig aufhalten und der gleichzeitig eine Art räumlichen Mittelpunkt des Familienlebens bildet. Vielleicht haben wir Einwände dagegen, „den Kindern alles bereit zu machen" und verweisen auf frühere Zeiten, in denen es das nicht gab. Dabei übersehen wir aber, dass viele von den Möglichkeiten, die wir Kindern heute aktiv schaffen müssen, vor einem oder einem halben Jahrhundert den Kindern noch selbstverständlich zur Verfügung standen.

Bewegungs-Raum

> „Vor allem wurde die Bewegung des Kindes auf dem
> Gebiet der Erziehung betrüblicherweise vernachlässigt
> und alle Bedeutung dem intellektuellen Lernen
> beigemessen. Nur der Turnunterricht befasste sich mit
> der Bewegung, ohne sie aber in Verbindung mit der
> Intelligenz zu sehen."
>
> (Maria Montessori 1975:126)

Leben ist Bewegung. Lernen als grundlegender menschlicher Lebensprozess ist Bewegung. Kinder sind Bewegung, das können wir
Tag für Tag beobachten. In der Regelschule wird das kindliche
Bewegungsbedürfnis als störend empfunden und deshalb von den
Kindergärten erwartet, dass sie den Kindern das „Stillsitzen bei-
bringen"! Der kindliche Körper ist im Aufbau begriffen, für diesen
physischen Entwicklungsprozess ist körperliche Bewegung neben
geeigneter Nahrung die entscheidende Voraussetzung. Wie können
wir also dieses Grundbedürfnis, diese Grundlage für Gesundheit
und Reifung verbieten! Darüber hinaus ist Bewegung auch Ausdruck der unbändigen kindlichen Energie und Lebensfreude, dieser
Kraft, die sie zum Selbstaufbau und auch zum Lernen antreibt.
Diese Energie müssen wir ihnen lassen. Wenn Kinder sich bewegen,
ist es nicht nur Muskeltraining, sondern gleichzeitig Schulung der
Sinneswahrnehmung und Koordination. Die Kinder vergewissern
sich über ihre Körperlichkeit ihrer Existenz, ihres Lebendigseins, sie
integrieren und ordnen die verschiedenen Teile ihres Körpers, ja
ihrer Existenz durch körperliche Bewegung. Wenn Schule als Lebensraum gestaltet ist, wenn Kinder sich dort ganz selbstverständlich während der ‚Unterrichtszeit' auch außerhalb des Schulgebäu-
des frei bewegen können und dazu eine vorbereitete Umgebung
vorfinden, können wir beobachten, wie sich Kinder entwickeln.
Schüler, die vielleicht mit einem ganz schwach entwickelten Körper-
gefühl in die Schule kamen, diese Möglichkeiten viel nutzen, sind
nach einigen Jahren nicht wiederzuerkennen: sie balancieren und

Leben ist Bewegung

klettern mit einer Sicherheit und Gelassenheit, die am Anfang auch nicht ansatzweise zu erkennen war. Dass gerade bei Kindern eine größere körperliche Sicherheit auch in der Entfaltung von Selbstbewusstsein und persönlicher Selbstsicherheit zum Ausdruck kommt, ist immer wieder zu beobachten.

Darüber hinaus hat schon Montessori erkannt, dass Bewegung auch eine wichtige Rolle für die Intelligenzentwicklung spielt, wie wir inzwischen aus verschiedenen Forschungen bestätigt wissen. Für Montessori hieß Bewegung vor 80 Jahren, dass sie den Kindern gestattete, sich frei im Klassenraum zu bewegen, sich ihr Material zu suchen und zu holen, dass sie mit dem Material selbst hantieren konnten. Mittlerweile hat sich aber das Umfeld von Kindern dramatisch verändert. Vor allem bedingt durch den Autoverkehr haben sich die Bewegungsmöglichkeiten für Kinder auf ein Minimum reduziert, Bewegungsarmut und entsprechende körperliche Defizite werden unseren Kindern heute allgemein attestiert. Schulhöfe sind nach wie vor meist öde Plätze, Spielplätze wirken im Verhältnis zu dem endlos erscheinenden Bewegungsbedürfnis von Kindern in ihrer Normierung ärmlich und eintönig.

Aus diesem Grund muss eine vorbereitete Umgebung, die dem Bewegungsbedürfnis Rechnung tragen will, heute anders aussehen als zu Zeiten Maria Montessoris. Die Bewegungsfreiheit im Klassenraum reicht sicher nicht mehr aus. Jeder, der Kinder kennt, weiß, dass ihr Leben aus Intervallen von Konzentration und überschäumender Energie, von Ruhe und Bewegung besteht. Auch dies können wir als eine Art Selbstregulation betrachten, in die wir nicht unnötig eingreifen sollten, sondern das Umfeld so gestalten, dass das möglich wird. Wir können auch beobachten, dass die Phasen, in denen Kinder fast bewegungslos sitzen, ohne dass es von ihnen verlangt wird, im Laufe ihrer Entwicklung immer länger werden.

Das kindliche Bewegungsbedürfnis sollten wir allerdings nicht mit Sport oder Fußballtraining gleichsetzen. Wenn Kinder eine an Bewegungsmöglichkeiten reiche Umgebung vorfinden, können wir auf ihren Einfallsreichtum, auf ihre Flexibilität und ihren inneren

Drang vertrauen, sich auch körperlich herauszufordern und immer neue Möglichkeiten zu entdecken. Die Geräte aus der Bewegungsarbeit von Elfriede Hengstenberg (1991) sind hierfür bestens geeignet. Im üblichen Sportunterricht wird dagegen zum Teil immer noch sehr wenig Raum für Interessen und Ideen der Schüler gelassen, es geht um das Erreichen vorgegebener Ziele, wobei die Qualität der Bewegung fast unberücksichtigt bleibt. Erfreulicherweise gibt es mittlerweile wenigstens in der Grundschule erste Ansätze für neue Formen des Sportunterrichtes. Das natürliche Bedürfnis des Kindes nach Bewegung ist nicht auf vorgegebene Übungen und bestimmte Zeiten zu reduzieren, sondern ist ein lebendiger, integrierter Bestandteil des kindlichen Lebens. Hierbei spüren die Kinder „das Leben in sich", wie Astrid Lindgren es ihre Protagonisten immer wieder ausdrücken lässt.

Wie können Bewegungsmöglichkeiten im häuslichen Umfeld aussehen? Bezogen auf Kleinkinder heißt das zuallererst, dass wir uns in den Aufbau der Bewegung: greifen – drehen – robben – krabbeln – aufsetzen – stehen – laufen – nicht einmischen. Wir nehmen eher die Haltung eines aufmerksamen Beobachters ein, der mit Interesse sieht, wie sich – wie eine Blüte vielleicht – der Bewegungsapparat des Kleinkindes entfaltet. Wir brauchen da nicht anregen und drängen, wir brauchen nicht korrigieren, und wenn die Kinder mit sich in Kontakt sind und aus eigenem Antrieb handeln und experimentieren, auch nicht zur Vorsicht mahnen. Eines aber können wir zu ihrer Unterstützung und unserer eigenen Beruhigung tun: sie mit unserer Aufmerksamkeit begleiten. Unfälle passieren, wenn Kinder sich nicht von uns bzw. unserer Aufmerksamkeit ‚getragen' fühlen, das heißt wenn wir innerlich nicht bei ihnen sind. Dies ist im Alltag nicht immer leicht zu verwirklichen. Zu Hause, wo wir als Eltern mit Haushalt beschäftigt sind genauso wenig wie in Kindergarten und Schule, wo wir vielleicht 15 oder 25 Kinder zu begleiten haben. Und doch können wir in dem Moment, in dem wir üblicherweise „Pass auf!" sagen würden, kurz innehalten, unsere Aufmerksamkeit auf das Kind lenken, und dabei erleben, dass dies nicht nur dem Kind hilft, sondern uns auch selbst beruhigt.

Das Klettergerät bietet Zuhause unendliche Bewegungsmöglichkeiten

Folgende Geräte sind geeignet für zu Hause, bilden aber gleichzeitig die Basis für Bewegungsmöglichkeiten in Kindergarten und Schule:

- Klettergerät für den Innenbereich: Breite 70 cm, Schenkellänge 115 cm, Höhe 100 cm, Dicke der Sprossen 3,5 cm, Abstand zwischen den Sprossen 12 cm, eine Sprosse fehlt, damit die Kinder durch den Zwischenraum in das Innere gelangen können. 1- bis 2-Jährige klettern daran mit Händen und Füßen so hoch wie sie sich wagen, Größere tun das freihändig und setzen sich oben rittlings darauf. Auf eine Rahmenseite gestellt, wird es, eventuell mit Decken versehen, zu Haus oder Höhle. Die obere Rahmenseite eignet sich gut zum balancieren. Handwerklich geschickte Menschen stellen es selbst her, andernfalls hilft der Schreiner.

- Bretter, ca. 130 × 25 × 2 cm, an deren Stirnenden von unten eine Leiste angeschraubt ist, werden in die Sprossen der Gerüstes eingehängt: so entsteht eine Rutsche. Das Gefälle lässt sich variieren, was zu vielfältigen Experimenten mit der schrägen Ebene anregt. Wie schräg darf das Brett sein, damit ich noch auf Socken hochkomme? Wie weit schaffe ich es barfuß oder mit Turnschlappen? Wie rutscht es sich damit jeweils vorwärts oder auch rückwärts, auf dem Bauch oder auf Knien? Natürlich lassen sich auch Murmeln, Kugeln und Bälle herunterkullern. Mit anderen Gegenständen aus verschiedenen Materialien lassen sich Experimente mit der Erdanziehung, Reibungswiderstand, Trägheit und ähnlichen Phänomenen machen.

- Holzleitern von 130 bzw. 200 cm Höhe, die auf beiden Seiten Sprossen haben, eignen sich ebenfalls sehr gut zum Klettern ebenso wie zum Kombinieren mit Brettern und Rundhölzern.

- Balancierbalken: gehobelte Kanthölzer von zum Beispiel 8/ 10 × 10 cm Querschnitt, Länge je nach Raumsituation. An der Unterseite sind Abschnitte davon (ca. 30 cm) quer angeschraubt, so dass der Balken etwa 10 cm über dem Boden ‚schwebt‘.

- Zur *Bewegungsbaustelle* werden diese und andere Elemente, wenn sie in einem größeren Raum oder auch draußen zur Verfügung stehen, so dass sie sie immer wieder neu anordnen und sich damit neue Anforderungen stellen können.

▪ Gymnastikbälle dienen zum flexiblen Sitzen am Kindertisch (sogar schon in manchen Regelschulen haben die Kinder Bälle statt Stühle zum Sitzen), außerdem können sie sich darauflegen, damit balancieren und vieles mehr.

Im Kindergarten Niederseeon wurde ein Bewegungsraum eingerichtet. Hier können die Kinder auf Matratzen hüpfen und balgen, sie können mit zugeklebten leeren Pappkartons einer bestimmten Größe Mauern, Höhlen und Hindernisse bauen. Es gibt zwei hölzerne Leitern, Balancierbalken, Rutschbretter und anderes. Weil es wichtig ist, dass die Kinder jederzeit Möglichkeiten für grobmotorische Bewegung haben, haben sie zu dem Raum jederzeit Zugang. Der eingruppige Kindergarten wird von zwei Erziehern betreut. Die Erzieher richten sich flexibel nach den Bewegungen der Kinder und folgen ihnen. Wenn mehrere Kinder im Bewegungsraum sind, geht einer von ihnen mit, sind es nur wenige Kinder, denen man es zutraut dort alleine zurechtzukommen, so bleiben sie für kürzere Zeit auch mal allein. Ebenso wird dort mit dem Außengelände verfahren.

Zur Montessori-Grundschule Niederseeon gehört ein großes Außengelände mit Ballspielwiese, etwas Wald, einer Sandlandschaft, einem Werkhaus und verschiedenen Klettermöglichkeiten: Den Mittelpunkt bildet ein ca. 4,5 m hoher Kletterturm. Während der Freiarbeitszeit können sich die Kinder der 1.–4. Klasse auf dem abgegrenzten Gelände frei bewegen. Ein Mitarbeiter der Schule bereitet die Umgebung dort vor und pflegt sie, insbesondere ist er aber Ansprechpartner für die dort tätigen Kinder. Wie im Kindergarten stehen auch hier Leitern, Bretter, Balancierstangen, Rundhölzer zum Balancieren und Hangeln und Seile zur Verfügung.

Der Kletterturm: Je nach Fähigkeit wird er unterschiedlich genutzt

Manche Kinder verbringen phasenweise viel Zeit im Außengelände. Sicher hat das damit zu tun, dass es außerhalb dieser Schule kaum die Möglichkeit gibt, sich in einem offenen und gleichzeitig begrenzten Feld selbst organisiert und doch nicht sich selbst überlassen sich selbst und das Zusammensein mit anderen zu erleben. Viele der natürlichen, altersgemäßen Beschäftigungen von 6–10-jährigen Kindern können hier stattfinden. Die allermeisten Kinder finden nach kurzer Zeit von selbst ein Gleichgewicht von stillen, im Klassenraum möglichen und grobmotorischen Tätigkeiten im Außengelände.

Spiel-Raum

> *„Der Mensch ist nur ganz Mensch, wo er spielt"*
> *(Schiller)*

Kinder spielen. Manche haben es verlernt, wenn sie allerdings in einen zum Spielen anregenden Rahmen kommen, erwacht über kurz oder lang dieser Urtrieb in ihnen wieder und wirkt heilsam[7]. Wesentlich für die Entwicklung von Kindern ist vor allem das freie Spiel. Um Lernspiele, vorgegebene und organisierte Gruppenspiele geht es in diesem Zusammenhang nicht. Was bedeutet freies Spiel? Das ist das spontane kindliche Spiel, das nicht von außen initiiert und gelenkt ist, das nur ‚selbstgemachte' Regeln kennt. Kinder klettern auf Stühlen herum, anfänglich nur aus Bewegungsfreude, daraus entsteht vielleicht die Idee Flugzeug zu spielen. Die Stühle werden entsprechend angeordnet, manche der Kinder sind Passagiere, andere repräsentieren Pilot und Stewardess. Anschnallen, bedient werden, Start/Landung, all diese Aspekte von Fliegen mögen in dieses spontane Spiel eingehen. Gegenstände erhalten beliebige Bedeutungen, der Besen wird zum Steuerknüppel, Plastikstecker in der Schüssel zum 1. Klasse-Menü. Dabei vermischen sich eigene Erfahrungen, Vorstellungen, Bedeutungen, Tatsache und Fiktion.

---

[7] Vgl. Johannes Franck, Gestalt-Gruppentherapie mit Kindern, Freiamt 1997.

Jeder, der mit Kindern zu tun hat, weiß, dass diese Art des Spiels allgegenwärtig ist. Sobald Kinder zusammenkommen in einem offenen Rahmen, der das Spiel erlaubt, entsteht es spontan. Etwa mit zwei Jahren fangen Kinder an, mit ihren Puppen in diesem Sinne selbständig zu spielen, sie sprechen mit ihnen, bemuttern oder schimpfen sie, und bringen dabei immer Elemente ihrer eigenen Lebenswelt zum Ausdruck. Dieses Spiel wird komplexer, in Dauer und Anzahl der beteiligten Kinder. Kinder schaffen sich in diesem Spiel ihre eigene Welt, sie erschaffen sie so, wie sie sie erleben oder so wie sie sie ersehnen, sie experimentieren mit verschiedenen Rollen in der Welt: Zirkusdirektor, König, Diener, Lehrer, Schüler, Verkäufer, Mutter, Vater, Kind. Sie spielen Rollen, die sie kennen, und welche, die ihnen ganz neu sind. Sie müssen innerhalb des Spiels Probleme lösen, seien sie technischer, emotionaler oder sozialer Art, sie sind dort ganz Akteur, können so sein wie sie sind, wie sie sich in diesem Moment fühlen, müssen trotzdem mit Anforderungen, vielleicht Kritik von Mitspielern umgehen. Dieses Spiel ist universell in seiner Grundstruktur, das heißt wir können es bei Kindern in aller Welt beobachten, natürlich kulturbedingt in seiner speziellen Ausprägung.

All die Vorgänge in der Umwelt des Kindes, die es nicht überschauen, geschweige denn nachvollziehen und verstehen kann, die für das kindliche Erleben mitunter übermächtig und massiv erscheinen, gehen in dieses Spiel ein und helfen ihm so dabei, die Erfahrungen zu verarbeiten und zu integrieren (Oaklander 1987). Kinder leben in einer materiellen und sozialen Realität, die Anpassung von ihnen verlangt, andererseits gilt es, ihr ‚Ich' aufzubauen, wahrzunehmen und auszudrücken: Wünsche, Kümmernisse, Freuden und Ängste. Das Ausdrucksmittel dafür ist das symbolische Spiel, das von jedem Menschen nahezu aus dem Nichts erschaffen wird (Piaget 1999:243/244). Häufig sind es auch nur kurze Sequenzen, zwischen Zähneputzen und zu-Bett-gehen, in der Schulpause, trotzdem zeigen sie uns, in welcher Welt Kinder leben, wie sie ihre Umwelt und uns wahrnehmen.

Paradox ist, dass gerade dieses Spiel, das wir Erwachsenen häufig als Kinderei abtun und für überflüssig halten, das so unvernünftig und jenseits der realen Wirklichkeit zu sein scheint, von besonderer Bedeutung für die Entwicklung von Vernunft und Intelligenz ist. Unser Erwachsenen-Denken ist besonders durch seine Trennung vom konkreten Erleben gekennzeichnet: Wir bilden die Wirklichkeit in unserem Denken ab und haben die Möglichkeit, gedanklich zum Beispiel verschiedene mögliche Handlungen und deren Folgen vorwegzunehmen – „wenn, dann …" Kinder im Vorschulalter können das noch nicht, für sie ist jedes Wort und jeder Gedanke sofort mit einer konkreten Handlung verbunden. Aus diesem Grund springen Kinder beim Essen plötzlich auf, wenn wir von einem bestimmten Gegenstand sprechen, sie wollen ihn holen und zeigen! Im freien Rollen- oder auch symbolischen Spiel, wie Piaget es nennt, machen Kinder genau dies: sie sprechen von etwas, sie stellen sich etwas vor, was nicht real *ist*. Sie üben sich in der Erschaffung von Bildern in ihrem Inneren – und kommen damit dem abstraktes Denken schon sehr nahe[8].

Genauso wie die häusliche Umgebung und der Kindergarten sollte deshalb ein Lebensraum Schule immer auch ein Raum für freies Spiel sein. In dem Maße, in dem die Kinder zu Jugendlichen werden, lässt auch ihr Spielbedürfnis nach. Astrid Lindgren beschreibt einmal autobiographisch sehr deutlich den schwierigen Übergang in dieser Phase: „Ich erinnere mich noch an den Sommer, als ich dreizehn war und merkte, dass ich nicht mehr spielen konnte. Ich stellte es fest. Es ging einfach nicht. Es war entsetzlich. Und traurig. Und ich glaube, das haben alle Kinder in diesem Alter erlebt (Lindgren 1994:68)". Dann sind die Voraussetzungen für das abstrakte Denken ausgereift, und das symbolische Spiel hat aus dieser Sicht seinen Zweck erfüllt.

Montessori hat das Spiel, den Gebrauch von Phantasie, die ja zum Spiel dazugehört, in ihrer Bedeutung für die kindliche Entwicklung weit unterschätzt. Für sie war Arbeit die eigentliche Tätig-

---

[8] Die Spezialisten unter den Lesern mögen mir die Vereinfachung dieser selbstverständlich äußerst komplexen Materie verzeihen, in diesem Zusammenhang geht es mir besonders um Nachvollziehbarkeit und Verständlichkeit.

keit des Kindes. Damit mag sie betont haben wollen, dass die Tätigkeit des Kindes ernsthaft und für seine Entwicklung von großer Bedeutung ist.

Dennoch bedarf die Montessori-Pädagogik an dieser Stelle einer deutlichen Ergänzung und Erweiterung.

Das Spiel hat aber nicht nur für Kinder eine immense Bedeutung, es ist auch eine Qualität des Lebens an sich, so dürfen wir wohl auch Schiller verstehen. Die moderne Kreativitätsforschung stellt immer wieder einen Zusammenhang her zwischen der Fähigkeit zu spielen und der Wahrscheinlichkeit, kreative Problemlösungen zu finden (unter anderem Czizetmihali 1996). Nicht das verbissene ,mein Ziel erreichen wollen‘, sondern das Spielen mit verschiedenen Möglichkeiten, verbunden mit dem Vertrauen, dass sich eine angemessene Lösung zeigen wird, ist die Haltung, mit der wir bzw. die Kinder, in der Lage sein werden, den Herausforderungen der Zukunft zu begegnen.

Wie muss nun eine Umgebung beschaffen sein, dass sie zum freien Spiel anregt bzw. es zulässt? Vielleicht geht es dabei gar nicht in erster Linie um die Beschaffenheit der materiellen Umwelt, als um die Einstellung, die die jeweiligen Erwachsenen dazu haben. Kinder finden fast unter allen Voraussetzungen Anlässe für ihr Spiel, solange sie darin nicht immer wieder unterbrochen und in Frage gestellt werden. Wenn in der Wohnung ein wenig Platz ist, den die Kinder ,bespielen‘ und gestalten können, wenn sie nicht immer nur weggeschickt werden, weil sie zu laut sind oder Schmutz machen, und wenn sie spüren, dass ihr Tun respektiert und anerkannt wird, ist das die wichtigste Voraussetzung für die Entfaltung des spielerischen Potentials. Zum freien Spiel gehört aber vor allem auch – Zeit. Wenn Kinder schon von klein an ,beschäftigt werden‘, wenn sie später nach der Schule mit Hausaufgaben und verschiedenen Kursen ausgebucht sind, dann verlieren sie schnell ihre spielerische Kreativität zugunsten der in unserer Kultur verbreiteten Erwachsenenhaltung, ,Dinge zu erledigen‘. Für ihr Spiel brauchen sie selbst Zeit, in gewisser Hinsicht aber auch die unsere. Denn gerade die Kleineren brauchen es, während des Spiels immer wieder Kontakt und Nähe zu uns zu spüren. Zum Spielen gehört auch die Möglichkeit, dies zeitweise gemeinsam mit Gleichaltrigen zu tun.

Das Rollenspiel, der Kern des freien Spiels findet entweder mit Figuren, Puppen oder Kuscheltieren statt, oder sozusagen in der ersten Person, das heißt dass das Kind selbst in die Rolle der Mutter, des Arztes oder des Polizisten schlüpft. Eine andere Form des freien Spiels ist es, wenn Kinder selbst die Rollen einnehmen: Zahnarzt, Frisör, Verkaufsladen, Schule, Kindergarten, Vater-Mutter-Kind, Indianer, Autowerkstatt, Pferd-Reiter, Räuber und unendlich viele andere Themen und Konstellationen sind denkbar. Das besondere an diesem Spiel ist der symbolische Charakter: die benutzten Gegenstände müssen in der Regel nur geringfügige Ähnlichkeit mit dem, was es darstellen soll, haben. Ein Stock wird zum Gewehr, ein Klotz zum Bügeleisen, Löffel und Gabel zum Zahnarztbesteck. Eine Verkleidungskiste ist sinnvoll, weil bestimmte Kleider, Hüte und ähnliches zu neuen Spielen anregen.

Nur kurz soll hier angemerkt werden, dass das häufig zu beobachtende Nachspielen von Fernsehszenen oder -Helden nichts mit dem eigentlichen Rollenspiel zu tun hat. Rebeca Wild hat den Unterschied etwa wie folgt beschrieben: Während das Kind beim symbolischen Spiel eigene Symbole schöpft und deren Interaktion gestaltet, handelt es sich im anderen Fall eher um das Ausscheiden von auf sehr massive Weise von außen (dem Fernsehen) aufgedrängten, fertigen Symbolen, das heißt Figuren und Handlungen. Viele werden die stereotypen Sequenzen kennen, die von manchen Kindern immer und immer wieder nachgespielt werden. Es ist förmlich spürbar, dass es sich dabei eher um eine Art Zwangshandlung als um einen kreativen Akt handelt.

Den besonderen Wert des freien Spiels, das Bedürfnis verkaufen, kochen, Werkstatt zu *spielen* hat Montessori selbst kaum gewürdigt. Tatsächlich ist dies auch nur eine Seite der Medaille, Montessori hat die andere Seite in den Mittelpunkt ihrer Pädagogik gestellt: Kinder wollen tatsächlich selbst arbeiten, sie wollen „in echt" putzen, kochen und verkaufen. Dabei versteht sich, dass sie dies nicht gerade dann tun wollen, wenn wir es von ihnen verlangen. Nein, in ihrem

Tun geht es nicht um das Erreichen eines Zieles, um das Erfüllen einer Erwartung, sondern um das Tun selbst, wie Montessori immer wieder betont. Wichtig ist, dass wir diese Impulse erkennen und ihnen Raum geben, auch wenn ihre Umsetzung nicht unseren perfekten Ansprüchen genügt.

Im Kindergartenbereich wurde schon weitgehend die Bedeutung des freien Spiels, das dort meist Freispiel genannt wird, erkannt. In Montessori-Kindergärten gab es schon immer Freiarbeit. Was ist der Unterschied, und was ist das Besondere eines zeitgemäßen Montessori Kindergartens gegenüber einem ‚normalen'? Der situationsorientierte Ansatz und das Konzept des offenen Kindergartens zumindest, räumen dem freien Spiel gleichermaßen eine besondere Bedeutung ein. Mir scheint, dass im Montessori-Bereich hier eine wirkliche Öffnung stattfinden müsste. Es geht nicht nur um das Arbeiten mit vorgegebenem Montessori Material, wie vielfältig es auch sei. Den spontanen und kreativen Impulsen und Prozessen gegenüber offen zu sein und ihnen Raum zu geben ist längst nicht in jeder Montessori-Einrichtung selbstverständlich. Dies verursacht nicht zuletzt allerhand Klischees bei Eltern und pädagogischen Fachkräften gegenüber einem „engen Konzept, in dem die Kinder nur mit vorgefertigtem Material ganz bestimmte Sachen machen können". Wir können Kinder auch mit Montessori-Material „beschäftigen" und den Kindern gegenüber deutlich machen, dass vorrangig mit Material gearbeitet werden soll. Selbst wenn sie sich heraussuchen können, welche Übung sie als erstes und wie oft machen, können wir dadurch verhindern, dass sie ihren inneren Impulsen und ihrem kreativen Potential wirklich nachgehen. Insofern ist es vor allem eine Frage der Haltung und Reaktion der Erzieherinnen, welchen Raum das Spiel im Kinderhaus einnimmt.

Auch im Außengelände nimmt das freie Spiel eine große Bedeutung ein. Voraussetzung hierfür ist ein weitläufiges Gelände, das offene Bereiche ebenso bietet wie Nischen und Ecken. Hier schließen sich Banden zusammen, ringen um Einfluss und Mitglieder, grenzen ihr Gebiet ab, errichten ‚Lager', verändern sich, lösen sich auf usw. ‚Familien' bauen sich Wohnungen und Gärten. Klettergerüste, Bäume, Büsche und anderes werden in diese Spiele wie selbstverständlich mit einbezogen. Bestandteil jeden Außengeländes sollte eine Sandlandschaft sein. Damit ist kein klassischer Sandkasten gemeint, sondern eine Menge Sand, die wirkliches Graben, Berge aufschaufeln, Tunnels bauen usw. erlaubt.

Welchen Stellenwert hat das freie Spiel in der Schule? Üblicherweise, so könnte man wohl sagen, gar keinen. Man geht davon aus, dass Kinder den Rest des Tages zum Spielen zur Verfügung haben. In einer Umwelt aber, die in der Regel weniger denn je für das freie Spiel von 6- bis 12-Jährigen geeignet ist und kaum ein allgemeines Bewusstsein über diese Tatsache existiert, sollte es auch Aufgabe der Schule sein, Raum für dieses essentielle Bedürfnis des Kindes zu bieten. Dieses Anliegen verfolgt zum Beispiel die Montessori Schule Niederseeon. Besonders die ersten Schuljahre über ist der Vormittag eines Kindes dort ebenso sehr vom Spiel wie von praktischen Tätigkeiten und schulischem Lernen geprägt. Schon diese Formulierung aber legt wieder die Trennung von Spielen und Lernen nahe, wie sie in vielen Fällen gar nicht zutrifft. In allen Gruppenräumen gibt es dort Spielbereiche mit Puppenhaus, Baumaterial, Tieren, Arztkoffer, zum Teil Verkleidungssachen und anderem. Manche Kinder steuern am Morgen gleich zielstrebig hierher. Sie können so den Tag auf ihre Weise beginnen, sie können sich in ihr Spiel vertiefen oder sie benutzen die Spielecke nur als ‚Sprungbrett‘ für weitere Aktivitäten. Es liegt nahe, dass die Arbeit der Kinder so eher aus der Entspannung heraus geschieht, wirklich aus innerem Antrieb, ohne Druck. Dort ist zu beobachten, dass sich das Arbeitsverhalten im Laufe der Jahre, meist in der dritten Klasse, deutlich verändert. Die Gewichtung zwischen Spiel und schulischer Arbeit verändert sich deutlich, vor allem aber die Art, mit der die Kinder an ihre Arbeit herangehen. Sie werden nun deutlich zielgerichteter, ausdauernder und sind mehr an ihren Arbeitsergebnissen interessiert.

Im Spiel können sich Kinder zurückziehen und Erlebnisse verarbeiten

Die Entfaltung der Sinne

Kinder lieben es, Gegenstände zu ordnen – nach Farbe und Form, Gewicht und Größe. Zu Hause werden Schuhe der Reihe nach aufgestellt, die Besteckschublade wird ausgeräumt und Messer, Gabel, Löffel werden ordentlich ausgebreitet, gesammelte Steine werden nach Größe, Gewicht oder Farbe sortiert. Dazu gebrauchen sie ihre Sinne. Das Sinnesmaterial von Maria Montessori beruht auf diesem Bedürfnis. „Mit dem Sinnesmaterial geben wir eine Führung, eine Art Einteilung der Eindrücke, die von jedem Sinnesorgan empfangen werden können: die Farben, die Laute, die Geräusche, die Formen und Dimensionen, die Gewichte, das Tastgefühl, der Geruch und Geschmack. Zweifellos handelt es sich auch hier um eine Form von Bildung, … (Montessori 1972:163)". Das Ziel des Montessori-Sinnesmaterials ist also die Ordnung, in gewisser Weise Bewusstmachung und dadurch auch Schärfung der Sinneseindrücke. Dieses geschieht durch die Isolierung einzelner Eigenschaften. Das ist nicht als Ersatz, sondern als Ergänzung zu Möglichkeiten ganzheitlicher Sinneserfahrung durch Werken, Backen, Spielen und Naturerfahrung zu sehen. Das Besondere am Montessori-Sinnesmaterial ist, dass es abstrakte Begriffe wie zum Beispiel Größe und Gewicht, konkret erlebbar macht, weshalb das Material auch als „materialisierte Abstraktion" bezeichnet wird. Kinder interessieren sich ab 2½ bis 3 Jahren für die folgenden Materialien, die nur einen Ausschnitt aus dem gesamten Montessori-Sinnesmaterial darstellen.

- Die *Einsatzzylinder* bestehen aus vier länglichen Holzblöcken, die jeweils mit zehn Bohrungen versehen sind. Diese Bohrungen sind abnehmend bzw. zunehmend in Durchmesser und Tiefe. In die Bohrungen gehören passende Zylinder mit Knopf zum Greifen. Die Zylinder werden herausgenommen und – eventuell mit verbundenen Augen – wieder hineingesteckt. Dabei geht es um die Wahrnehmung von Größen in Verbindung mit Gewicht. Gleichzeitig repräsentieren sie Begriffe wie: hoch-niedrig, dick-dünn,

Der Rosa Turm

schmal-breit, flach-tief, eng-weit, die damit auch geübt werden können.

- Der *Rosa Turm* besteht aus zehn Massivholzkuben, die in drei Dimensionen um jeweils einen Zentimeter zu- bzw. abnehmen. Der kleinste Kubus ist also $1 \times 1 \times 1$ cm groß, der größte $10 \times 10 \times 10$ cm. Die Kinder tragen die einzelnen Kuben vom Regal zum Tisch oder Teppich. Der Turm wird aufgebaut, der größte Kubus zuunterst, dann der jeweils nächstkleinere. Wenn alle Kuben in eine Ecke bündig geschoben werden, lässt sich mit dem kleinsten Klotz die Abstufung abmessen – so können die Kinder selbst ihre Arbeit kontrollieren. Der rosa Turm wie auch andere Sinnesmaterialien scheinen sehr einfach zu sein, gerade aber für Kinderhände und -Augen sind sie sehr eindrucksvoll. Die Hände ertasten die regelmäßig zunehmende Größe und fühlen dabei die Zunahme des Gewichtes, die Augen üben sich in der Unterscheidung von Größen und nehmen das Bild einer ‚Serie‘ auf. Feinmotorik wird gefordert und gefördert, der Aufbau entspricht dem Zehnersystem, insofern beinhaltet der Rosa Turm auch eine Vorbereitung auf die Mathematik. Folgende Begriffe können *konkret* mit diesem Material erarbeitet werden: groß-größer-am größten, klein-kleiner-am kleinsten. Der Turm kann liegend aufgebaut werden, gegebenenfalls auch mit verbundenen Augen, was die Konzentration auf die taktile Wahrnehmung enorm verstärkt.

- Die *roten Stangen* dienen der Wahrnehmung von Längenunterschieden bei gleichbleibender Form. Es sind zehn Massivholz-Stangen, deren kürzeste 10 und längste 100 cm lang ist. Die Stangen werden der Reihe nach ausgelegt, was rein motorisch für 3- bis 5-Jährige gerade mit den längeren Stangen nicht leicht ist. Sie müssen die Längen visuell und taktil abschätzen und vergleichen. Die roten Stangen bilden auch eine Vorbereitung auf die numerischen Stangen, die im nächsten Kapitel beschrieben werden.

- Die *Farbtäfelchen* sind ca. 4×6 cm groß und waren ursprünglich mit Garnen verschiedener Farben bzw. Farbschattierungen umwickelt, heute sind sie zum Teil aus Kunststoff. Im Grundkasten sind von 11 Farben jeweils zwei Täfelchen vorhanden. Die Kinder suchen Paare und legen sie aus. In einem weiteren Kasten sind

Bei der Arbeit mit den Farbtäfelchen

105

9 Farben mit jeweils 7 Schattierungen enthalten, die dann gemäß der Farbintensität ausgelegt werden. Diese Arbeit schult die visuelle Wahrnehmung, speziell die Farbwahrnehmung zur Entwicklung des ästhetischen Sinns.

■ Die *Geruchsdosen* werden häufig aus Filmdosen selbst hergestellt. In jede Dose kommt etwas Watte mit einem Tropfen Duftöl o.Ä. In je einer Schachtel befinden sich sechs Dosen mit Düften, die je eine Entsprechung in einer der Dosen der anderen Schachtel besitzen. Die Kinder öffnen den Deckel und versuchen, den dazu passenden Duft einer anderen Dose zu finden.

■ Die *geometrischen Körper* bestehen aus: Kugel, Ei, Ellipsoid, Würfel, Prisma, Quader, Kegel, dreiseitiger und vierseitiger Pyramide sowie Zylinder. Alle Teile bestehen aus blau lackiertem Holz und werden in einem Korb aufbewahrt. Dazu gehören hölzerne Täfelchen in der Form der Grundfläche der Körper. Die Erzieherin beginnt mit den Grundformen Quader, Kugel und Zylinder. Sie nimmt einen nach dem anderen in ihre Hände, rollt, kippt, betastet und benennt sie. Die Körper werden nun in den Korb gelegt und mit einem Tuch bedeckt. Das Kind tastet nun und versucht die Körper zu identifizieren und zu bezeichnen, bevor die Arbeit mit den anderen Körpern weitergeht. Diese Wahrnehmung bezeichnet Montessori als den stereognostischen Sinn. Die Täfelchen schaffen den Übergang von der dem Kind nahe liegenderen Dreidimensionalität zur Zweidimensionalität und bilden dadurch eine Vorbereitung für Geometrie.

Kinder denken konkret, interessieren sich aber für Abstraktion, wenn sie ihnen in angemessener Form dargebracht wird. Begriffe wie ‚Gewicht‘, ‚Größe‘, ‚Zylinder‘ sind ebenso wie Zahlen abstrakt. Durch das Sinnesmaterial werden sie begreifbar. Die Arbeit damit ist eine Hilfe für den Verstand, Wahrnehmungen und Erfahrungen einzuordnen (Holtstiege 1987:72). In der Heilpädagogik wird es auch für therapeutische Zwecke eingesetzt.

Mathematik: konkret und lebendig

> *„Rechnen kann wirklich entstehen nur aus dem*
> *unmittelbaren Kontakt mit der Wirklichkeit."*
>
> (Heinrich Jacoby)

Bereits zu Hause fangen Kinder ab etwa zwei Jahren an, sich mit Mengen zu beschäftigen. Sie erfahren, wie alt sie sind und wieviel Finger sie zeigen müssen, um das auszudrücken. Mit vier Jahren fangen viele Kinder an, sich für die Schrift- und Zahlensymbole, die für sie zunächst noch nicht unterscheidbar sind, zu interessieren. Auch für Schulkinder ist der Lernraum zu Hause nach wie vor von Bedeutung. Sie zählen die selbst gebackenen Kekse auf zwei Blechen und addieren im Kopf 44 und 37. Nicht, weil es nötig wäre, sondern nur aus Freude an dieser ‚Übung'. Wenn wir ihnen erlauben, vielfältige Erfahrungen mit Mengen zu machen, schaffen wir die besten Voraussetzungen für diese Art lebensbezogenen und kindgemäßen Lernens. Sie werden vielleicht unser Besteck holen und es nach eigenen Kriterien sortieren, und sie werden die Bonbons unbedingt selbst unter ihren Freunden verteilen wollen. All diese Aktionen sind kein Ausdruck kindlichen Eigensinns, sondern ihres Dranges nach spontaner Aktivität und Lernerfahrung.

Auch im Kindergarten steht diese Form des lebensbezogenen Lernens an erster Stelle, dazu kommt nun zunehmend das Angebot des strukturierten Materials:

- Da gibt es die *numerischen Stangen*, mit denen die Kinder sinnlich die unterschiedlichen Dimensionen der Ziffern von 1–10 wahrnehmen können. Die eins besteht aus einem 10 cm langen, rot lackierten Holzstab. Die zwei ist 20 cm lang, wobei 10 cm rot, das restliche Stück blau lackiert sind. Die drei ist 30 cm lang, die Einheiten sind wieder farblich markiert: rot-blau-rot. Die letzte Stange ist einen Meter lang, unterteilt in 10 Einheiten à 10 cm. Den Stangen können Täfelchen mit den entsprechenden Ziffern zugeordnet werden.

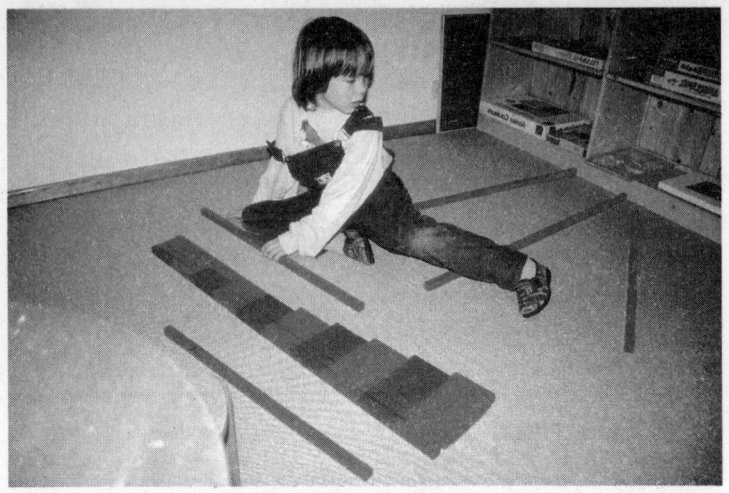

Konkrete Erfahrungen mit Längen und Mengen machen: Die Numerischen Stangen in Kombination mit den Roten Stangen

- Es gibt größere Tafeln mit *Sandpapierziffern* darauf, so dass die Form der Ziffern, gegebenenfalls mit verbundenen Augen, erfühlt werden können.
- In den *Spindelkästen* gibt es Fächer, die von 0–9 beschriftet sind. Spindeln, die Holzstäben sehr ähnlich sind, werden in der jeweils entsprechenden Anzahl auf die Fächer verteilt.
- Für interessierte Kinder steht im begrenzten Umfang auch *das Goldene Perlenmaterial* bereit, das auf den nächsten Seiten noch genauer beschrieben wird.

Diese Materialien stellen nur einen begrenzten Teil der vorbereiteten Umgebung dar, und die Arbeit damit ist immer freiwillig. Die Einführung erfolgt mit einzelnen Kindern. So können sie dann, wenn sie wirklich offen und interessiert sind, sich einer Arbeit zuwenden und sich darin vertiefen.

Der Lebensraum (Grund-)Schule bietet den Kindern vier sich ergänzende Wege zum Erarbeiten mathematischen Verständnisses:

lebensbezogenes Lernen, die Arbeit mit strukturiertem (Montessori-) Mathematikmaterial, ein vorgegebenes Aufgabenprogramm und freiwillige Angebote zu bestimmten Themen.

Raum für lebensbezogenes Lernen kann zum Beispiel eine Kinderküche sein, kombiniert mit einer Art Laden, in dem die Kinder die entsprechenden Zutaten kaufen können. Der Verkauf wird von Kindern übernommen, die sich dafür freiwillig melden und von einem Lehrer betreut. In Niederseeon etwa gibt es Mehl, Zucker, Rosinen, Nüsse, Mandeln, Äpfel, Nudeln, Reis und anderes zu kaufen. Die Waren sind ‚offen‘ erhältlich, es muss also vor jedem Handel gewogen und gerechnet werden. Im Zusammenhang mit diesem Verkauf entwickeln sich immer wieder ‚echte‘ Lebenssituationen, in denen es zu schätzen, zu zählen, zu rechnen und zu wiegen gilt.

Manfred möchte in der Schulküche einen Pudding kochen. Er hat dafür im dazugehörigen ‚Laden‘, der aus einem Regal besteht, einen halben Liter Milch, eine Tüte Pudding und 20 g Zucker eingekauft. Dafür muss er DM 1,60 bezahlen. Er hat ein 2-DM Stück und geht damit zum goldenen Perlenmaterial, das dort immer bereitliegt (Beschreibung Seite 111). Er nimmt eine 100er Platte und zehn 10er Stangen als Äquivalent zu seinen 2 DM. Davon nimmt er die 100er Platte und sechs 10er Stangen weg, die zu bezahlenden DM 1,60. Manfred bekommt also 40 Pfennige zurück. Er lässt sie sich vom ‚Kassenwart‘ geben und führt der Lehrerin das Ganze stolz vor, bevor er daran geht, seinen Pudding zu kochen.

In diesen alltagsbezogenen Situationen ist meist spürbar, wie offen und bereit die Kinder sich mit ihrem Problem auseinander setzen, wenn sie es aufgrund eigenen Interesses tun. Handlungen, wie die hier beschriebenen, dürften also deutliche Spuren im Denken und Verständnis des Kindes hinterlassen. Piaget formuliert, dass die Mathematiklehrer „... feststellen könnten, dass zwischen den wichtigsten, vom Kinde spontan durchgeführten Operationen und den abstrakten Begriffen, die man ihnen beizubringen sucht, eine un-

Im ‚Laden' können Zutaten fürs Kochen gekauft werden. Dazu gehört das Wiegen, Rechnen und Zählen

verhofft große Übereinstimmung besteht (1975:79).“ Der Lernpsychologe Gerhard Steiner: „Beim Rechnenlernen geht es nun darum, numerische Verbindungen herzustellen, das heißt numerische Elemente durch *ursprünglich handlungsbezogene* Relationen miteinander zu verknüpfen (Steiner 1996:281).“ Die Kinder brauchen also einen Raum, in dem sie im Rahmen ihrer Möglichkeiten mit mathematischen Zusammenhängen experimentieren können, frei von dem Druck, alles ‚richtig' machen zu müssen und ohne unerwünschte Einmischung von Erwachsenen. Die Küche nebst Einkaufsmöglichkeit bietet hierzu einen besonders geeigneten Rahmen, da sie besonders viele Anlässe zum wiegen, zählen, messen und rechnen beinhaltet. Eine alte Waage mit entsprechenden Gewichten, Skalen- oder Digitalwaage und diverse Messbecher ermöglichen es den Kindern immer wieder, in realen Situationen mit Aspekten der Mathematik umzugehen. – Die Rechenanlässe sind in diesem Umfeld unzählig. Die gleichzeitige Bereitstellung von Perlenmaterial ermöglicht einen fließenden Übergang vom informellen zum formellen und strukturierten Lernen.

Die Gruppen-(Klassen-)Räume sind in allen Montessori-Schulen in verschiedene Schwerpunkte gegliedert, ein Bereich ist dabei die Mathematik. Dort findet sich der gesamte Satz von Montessori-Material für die Altersgruppen in der altersgemischten Klasse oder Gruppe. Hier eine kleine Auswahl:

- Das *Goldene Perlenmaterial* besteht aus auf Drähte aufgezogenen hölzernen (ursprünglich gläserne, golden schimmernde) Perlen. Entsprechend den Stellenwerten gibt es Einer, Zehner, Hunderter und den aus tatsächlich 1000 Perlen bestehenden Tausender. Hiermit lassen sich in Einzel- oder Gruppenarbeit Aufgaben der vier Grundrechenarten im Zahlenraum bis 10 000 lösen. Auf zwei Tabletts wird mit dem Kartensatz (siehe S. 34) je eine Zahl ausgelegt.
Zum Beispiel 2 5 3 auf dem einen, 8 7 2 auf dem anderen. Die Kinder holen aus der ,Bank', die einer der ,Mitspieler' verwaltet, die entsprechende Menge an Perlen. Das heißt zwei *Hunderter-Platten*, fünf *Zehner-Stangen* und drei *Einer-Perlen* für das erste, acht Hunderter, sieben Zehner und zwei Einer für das zweite Tablett. Die Mengen werden zusammengetan – addiert! Nun werden erst die Einer abgezählt, dann die Zehner usw. Dabei muss u. U. noch getauscht werden. Der Sinn der Addition ist hierbei konkret erfahrbar und über die Sinne *begreifbar*.
- Bei den *Kurzen Perlenketten* ist jeder Ziffer eine Farbe zugeordnet: Eins/rot; Zwei/grün, Drei/rosa, usw. Die Ketten entsprechen jeweils den Quadratzahlen. Das heißt, die ,Einerkette' besteht aus einer roten Perle, die Zweierkette aus 2 grünen Zweierstäbchen ($2 \times 2 = 4$), die Dreierkette aus 3 rosa Dreierstäbchen. Die Zehnerkette besteht aus 10 Zehnerstäben ($10 \times 10 = 100$). Aus den Ketten lassen sich Quadrate legen, neben anderen Verwendungsmöglichkeiten bieten sie somit eine Vorbereitung auf das Potenzrechnen.
- Auf der nächsten Abstraktionsstufe kann das Kind mit dem *Markenspiel* arbeiten. Hierbei werden die Zahlen mit kleinen Plättchen (Marken) dargestellt, wobei sich Einer, Zehner, Hunderter und Tausender nur noch durch die Farbe und den Aufdruck

111

Bei der Arbeit mit den Perlenstäbchen zur Multiplikation

(1; 10; 100; 1000) unterscheiden. Hiermit können Aufgaben in allen Grundrechenarten bis in den Tausenderbereich hinein *gerechnet* werden.

▪ Beim *Großen Rechenrahmen* sind wie beim chinesischen Abakus bestimmte Perlen ,Einerperlen', die auf einem anderen Draht aufgereihten Perlen sind ,Zehnerperlen' usw. Damit können Zahlen bis zu 10 000 000 gebildet werden. Ziel ist die Addition, Subtraktion und Multiplikation großer Zahlen.

Die hier kurz beschriebenen Materialien bilden nur einen allerersten Einblick in Vielfalt und Umfang des mathematischen Materials, das bereits an anderer Stelle hinlänglich beschrieben worden ist[9]. Über die Grundrechenarten hinaus gibt es Material unter anderem für folgende Operationen: Wurzelziehen, Binomische und trinomische Formel, Bruchrechnen, Dezimalbruchrechnen, Multiplikation von Dezimalbrüchen, Satz des Pythagoras und Volumenberechnung. Über das Montessori-Material hinaus gibt es zum Beispiel verschiedene Meterstäbe und Maßbänder in Verbindung mit Aufgabenkarten: „Miss die Breite der zwei Türen in diesem Raum und addiere die Ergebnisse." Auch verschiedene Waagen, unter anderem eine Personenwaage gehören in dieses Rechenlabor.

Das Material ist im Raum jederzeit präsent. Die Kinder gehen da sehr unterschiedlich heran. Manche nehmen sich still und leise etwas heraus, was sie interessiert und fangen auf eigene Faust an, damit zu experimentieren. In diesem Fall muss der Lehrer sehr genau beobachten und abschätzen, ob und wann es angemessen ist, Hilfe anzubieten. Andere Kinder fragen „Was kann ich damit machen?" und deuten damit an, dass sie gerne eine Einführung in den Umgang mit dem Material wünschen. Die Technik der *Darbietung*, wie Montessori es genannt hat, wurde von ihr ausführlich beschrieben. Grundsätzlich werden sie mit einzelnen, eventuell mit zwei oder drei Kindern durchgeführt, so dass der Lehrer seine Einfüh-

---

[9] U.a.: Schieder, Martin: Kleine Kinder lieben große Zahlen, Reutlingen 1995; Biebricher/Speichert, Montessori für Eltern, Reinbeck 1999.

rung genau dem individuellen Stand des Kindes anpassen kann. Wichtig ist, dass die Darbietung in einem geordneten Rahmen und in Ruhe stattfindet. Der Lehrer *zeigt* dann mit möglichst wenig Worten den sachgemäßen Gebrauch des Materials und nimmt dabei die Reaktionen des Kindes wahr. Entweder signalisiert das Kind an einem bestimmten Punkt, dass es für den Moment genug ist, oder der Lehrer beendet die Darbietung. Dies kann u. U. geschehen, weil das Kind Fehler gemacht hat oder erkennen lässt, dass es zu schwierig wird. In diesem Fall wird nicht direkt korrigiert oder erklärt, sondern die Darbietung wird dann zu einem späteren Zeitpunkt wiederholt. Über die ständige Präsenz des Materials im Raum hinaus sind Impulse vom Lehrer immer wieder nötig. Allerdings wird er das Kind nicht aus einer anderen intensiven Beschäftigung herausreißen. „Soll ich dir mal das Multiplikationsbrett zeigen, damit kannst du Mal-Aufgaben rechnen" … könnte ein Kind, das offensichtlich gerade auf der Suche nach einer Beschäftigung ist, gefragt werden. Solche Vorschläge sollten nicht willkürlich gemacht werden und vor allem – auch wirklich als Vorschläge gemeint sein. Wenn ein Kind die Frage verneint, so haben wir dies zu akzeptieren.

Durch das intensive Umgehen mit dem Material, durch konkrete, sinnliche Erfahrungen mit Mengen, Größenordnungen und Beziehungen bildet sich im Kind eine Verständnisstruktur, so dass es im Laufe der Jahre immer weniger auf die manuelle Operation und die konkrete Anschauung angewiesen ist. Statt auswendig gelernter Zahlenkombinationen ist ein flexibles ‚numerisches Netz' (Steiner) im Denken des Kindes entstanden.

Als Ergänzung zum lebensbezogenen Lernen und als weitere Anregung für die Arbeit mit dem Material haben sich Aufgabensätze als vorgegebenes Programm bewährt. Im bereits erwähnten ‚Pensenheft' oder in Karteikästen sind zu verschiedenen Bereichen Aufgaben enthalten, welche die grundlegenden Rechentechniken umfassen. Sie sind nach Schwierigkeitsgrad geordnet. Die Kinder wissen, dass sie diese Aufgaben im Laufe eines Schuljahres zu erledigen haben. Auf entsprechenden Listen vermerken sie, wenn sie eine Karte bearbeitet haben. Die Aufgaben können zum großen Teil mit Hilfe des Materials gelöst werden, insofern bieten sie hierfür eine weitere Anregung. Der Sinn dieses Programms besteht darin zu gewährleisten, dass jedes Kind, abgesehen von seinen Schwerpunkten beim „exemplarischen Lernen" die Grundtechniken am Ende der vierjährigen Grundschule hinlänglich beherrscht. Insofern ist es eine Beruhigung für Lehrer und Eltern, in vielen Fällen aber auch für die Kinder, die durch die Aufgabensätze einen Überblick erhalten, was in welchem Zeitraum von ihnen verlangt wird. In vielen Fällen werden sie dadurch auch auf Themen und Bereiche gestoßen, die sie vorher nicht deutlich wahrgenommen haben. Trotz des verpflichtenden Charakters dieses Minimalprogramms haben die Kinder eine große Freiheit in der Wahl des Zeitpunktes. Am Anfang benötigen viele dabei allerdings noch aufmerksame Begleitung, so dass sie nicht zu sehr in Verzug geraten. Im Prinzip jedoch liegt es in der Verantwortung der Schüler, sich um die Erledigung dieser Aufgabe zu kümmern. Die Kinder gehen sehr unterschiedlich mit dieser Anforderung um. Manche stellen sich problemlos darauf ein und arbeiten systematisch und konzentriert daran. Andere benötigen häufiger eine Erinnerung und manchen Kindern ist diese Art der Arbeit und des Lernens gar nicht recht. In solchen Fällen, ist es immer wichtig, nach individuellen Lösungen zu suchen. Zum Beispiel gehören zu denen, die hier mitunter Widerstand aufbauen, Kinder eines bestimmten Lerntyps. Die Aufgaben an sich stellen für sie keine besondere Anforderung dar, allerdings die Form der eher ‚fleißmäßigen' Bearbeitung. In jedem Fall aber sollte die Arbeit in diesem Rahmen nur einen kleinen Teil der Aktivitäten ausmachen, da die Qualität und Intensität der Arbeit hierbei vergleichsweise am geringsten ist[10].

Als weiteres Element eines vorbereiteten Lebensraumes sind *Angebote* und *Projekte* zu nennen. In der zweiten Hälfte des Vormittags können die Kinder wählen, ob sie sich weiterhin ‚frei' beschäftigen wollen oder ob sie an einem Angebot teilnehmen wollen. Dabei steht jeweils ein vom Lehrer (wenn auch mitunter auf Anregung

---

[10] Vergl. auch Kap. Übung oder Reifung.

der Kinder) vorbereitetes Thema im Mittelpunkt, z. B. ‚Wiegen'. Ein weiteres Thema könnten verschiedene Währungen sein. Welche ausländischen Währungen kennen wir? Wie sehen die Scheine aus, wie können wir umrechnen wären Inhalte eines solchen Angebotes. Ein Angebot für Kinder der 3. und 4. Klasse arbeitete längere Zeit zum Thema ‚Geschwindigkeitsmessung'. Auf der Straße vor unserem Schulgelände fuhren viele Autos mit überhöhter Geschwindigkeit. So wurden Linien auf der Straße markiert und die Zeiten gestoppt, die ein Auto benötigte, um diese Strecke zurückzulegen. So konnte die Geschwindigkeit ermittelt werden. Die Gruppe informierte anschließend die Polizei von den Ergebnissen (nicht von den KfZ-Nummern!), was einen besonderen Ansporn für viele Kinder bedeutete. Angebote erstrecken sich je nach Thema über mehrere Tage. Dabei steht zwar ein vorgegebenes Thema im Zentrum, trotzdem muss dies nicht die Form eines ‚gebundenen Unterrichts' haben. Voraussetzung dafür ist allerdings eine zahlenmäßige Beschränkung der Gruppengröße auf maximal 12–15. Von Angeboten gehen immer wieder wichtige Impulse auf die Freiarbeit aus, indem einzelne Kinder an dem dort kennen gelernten Thema noch weiterarbeiten.

Kinder auf dem Weg zur Schrift „DUSOLSTMIAÜMATSÜSSAGN"

Der Brief eines sechsjährigen Kindes an seinen Vater, der weggegangen ist, ohne sich von ihm zu verabschieden: ‚Du sollst mir immer tschüs sagen!' Aus eigenem Antrieb heraus ist dieser Satz entstanden und wir können förmlich spüren, dass es dem Kind ein wichtiges Anliegen war, dies dem Vater, dem es dies ja in dem Moment nicht sagen konnte, mitzuteilen. Das Kind hat etwas zu sagen und benutzt das Medium der Schrift dafür. Welcher Lernschritt, welche Befriedigung beim Kind über diese Eroberung! Das Prinzip der Montessori-Pädagogik vertraut auf das Interesse und die Begeisterung des Kindes über diese enorme Erweiterung seiner Ausdrucksmöglichkeiten und setzt darum auf das eigenaktive Erarbeiten der Schrift. Weder im Kindergarten noch in der Schule werden systematisch Buchstaben geübt und auswendig gelernt.

Mit etwa vier Jahren beginnen viele Kinder sich für die Schrift zu interessieren. Was sie dann brauchen, ist eine Umgebung, in der Schrift und Sprache eine selbstverständliche Rolle spielen und Erwachsene, die bereit sind, sich immer mal wieder mit den Kindern auf die Entdeckungsreise ins Reich des Schriftlichen zu begeben. Dabei brauchen wir nur auf Fragen und das offensichtliche Interesse zu reagieren. Unsere Antworten sollten immer kurz und direkt auf die Frage bezogen sein. Wir sollten nicht versuchen das Interesse des Kindes, das sich vielleicht in einer Frage äußert („Wie heißt dieser Buchstabe?"), auszunutzen und ihm bei dieser Gelegenheit gleich noch drei weitere nennen. Die Kinder wollen nicht belehrt werden und wenn wir das versuchen, werden sie ihr Interesse in Zukunft für sich behalten oder es ganz verlieren. ‚Material' sind Produktetiketten, Werbetexte mit großen Lettern, Hinweisschilder, die gleichzeitig mit einem Symbol versehen sind usw. Zugang zu der Welt der Buchstaben erarbeiten sich die meisten Kinder über das Schreiben ihres eigenen Namens. Als Material kämen eventuell von uns aus Pappe ausgeschnittene Druckbuchstaben in Frage, die das Kind ‚begreifen' und als Vorlage zum Schreiben nehmen kann. Auch Knete eignet sich gut, um mit ihr die Buchstaben zu formen. Es geht also um einen unbeschwerten, sinnlichen und vom Kind gesteuerten Umgang mit Schrift. In einem bestimmten Stadium schreiben viele Kinder gerne spiegelverkehrt und teilweise sogar ‚auf dem Kopf'. Dies braucht uns nicht zu beunruhigen, selbst wenn sie es anfangs schon richtig gemacht haben. Die Lage des Buchstabens ‚im Raum' ist anfangs noch nicht fixiert. Wir erkennen das auch daran, dass es die meisten Kinder nicht stört, Bilderbücher ‚auf dem Kopf' anzuschauen. So wie sie die Bilder aus jeder Lage entziffern, können sie es auch mit Buchstaben. Die Festlegung auf die vorgegebene Ordnung entspricht der *Reifung* einer inneren Struktur, die wir nicht wirklich beschleunigen können und in die wir nicht eingreifen sollten.

Diese Grundhaltung sollte auch im Kindergarten den Umgang mit Schrift prägen. Darüber hinaus gibt es Montessori-Materialien, die dem Interesse der Kinder Nahrung geben.

■ Als erstes sind die *metallenen Einsatzfiguren* zu nennen, die eine vorbereitende Übung der speziellen Schreib-Feinmotorik beinhalten. Die Konturen der geometrischen Grundformen sind dabei mit spitzen Buntstiften nachzufahren und auszufüllen. ,Nebenbei' entstehen dabei selbst erfundene Muster, was diese Tätigkeit beliebt macht.

■ *Sandpapierbuchstaben.* Auf ca. 15 × 20 cm großen Brettchen sind Buchstaben aus Sandpapier aufgeklebt. Dem interessierten Kind wird gezeigt, wie es mit zwei Fingern die Form des Buchstabens nachfahren kann und es hört dazu den entsprechenden Laut aus dem Mund der Erzieherin. Das Kind spricht den Laut nach und prägt sich dadurch die Verbindung von Laut, visueller und taktiler Wahrnehmung ein. Ein Sandtablett gibt ihm dann die Möglichkeit, den Buchstaben zu ,schreiben', was natürlich auch auf Schreibtafeln und großem Papier fortgeführt werden kann. Kinder, die schon einen Großteil der Buchstaben kennen, machen mit den Sandpapierbuchstaben gerne ein Ratespiel mit verbundenen Augen: ein Kind sucht Buchstabenbrettchen heraus und sein Partner ertastet sie mit verbundenen Augen. Das genaue Ertasten prägt die Form des Buchstabens tief in das „Körpergedächtnis" (Montessori) ein.

In der Schule – oder im ,Lernzentrum' – sind die Kinder in einem Alter, in dem das Interesse am Schreiben und Lesen von sich aus einen größeren Raum einnimmt. Dort gibt es einen oder mehrere Bereiche, in denen alle Materialien dafür konzentriert sind: das Schreiblabor. Dazu gehören die oben genannten. Metallene Einsatzfiguren, die Sandpapierbuchstaben und das Sandtablett.

■ Mit dem *beweglichen Alphabet* können Worte und Sätze gelegt werden. Die Buchstaben sind aus Kunststoff ausgestanzt und ein

Satz beinhaltet von jedem Vokal 15 Stück und jedem Konsonanten 10 Stück. Wie auch bei den Sandpapierbuchstaben sind die letzteren rot, die Vokale dagegen blau.

Beate, ein Mädchen aus der 1. Klasse, kennt einen Großteil der Buchstaben und versucht immer wieder, aus Wörtern die einzelnen Laute herauszuhören. Die Lehrerin fragt sie, ob sie das bewegliche Alphabet schon kennt. Beate verneint und fragt, was man damit machen könne. Die Lehrerin zeigt ihr, wie sie das Wort ‚Bank‘ mit den Buchstaben auslegen kann. Sie machte noch weitere Vorschläge von lautgetreuen Worten, die von Beate ausgelegt werden. Sie spricht dabei immer wieder langsam zum Beispiel das Wort ‚Hose‘ und versucht dabei die einzelnen Laute herauszuhören.

Beate analysiert die eigene Sprache. Sie macht danach weiter, indem sie eigene Worte auszulegen versucht. Die ausgelegten Worte können ins Heft abgeschrieben werden. In diesem Stadium kommt es keineswegs auf korrekte Rechtschreibung an, sondern auf die Beziehung zwischen Laut und Symbol und die Fähigkeit zum schriftlichen Ausdruck.

■ Die *Lauttabelle* ist kein originäres Montessori-Material, wird aber in vielen Montessori Schulen benutzt und passt ausgezeichnet dazu. Mittels der Tabelle können die Kinder schreiben, indem sie die entsprechenden Laute zum Beispiel aus dem Wort ‚Morgen‘ heraushören und sich durch die Bildchen auf der Tabelle die entsprechenden Symbole erschließen. Sie müssen schauen, welches Bild mit einem ‚M‘ anfängt, eine Maus, und wissen dann, wie das Symbol geschrieben wird. Sie hören dann weiter „o“ und halten Ausschau nach einem Gegenstand, der mit „o“ anfängt: Ofen, usw. Das ist am Anfang sehr mühsam, führt aber dazu, dass sie sehr schnell die Buchstaben kennen lernen, weil das Schreiben für sie auf diese Art einen wirklichen Sinn hat und sie es sich aktiv erarbeitet haben.

Mit der Lauttabelle können Kinder selbständig schreiben lernen (Aus: Lesen durch Schreiben, Verlag Otto Heinevetter)

■ Geheimschrift: *Eine Lauttabelle mit eigenen Buchstabensymbolen* (zum Beispiel Runenschrift) ist für viele Kinder sehr anregend: sie können so auf die gleiche Weise wie mit der Lauttabelle Wörter bilden, der ‚Verfremdungseffekt' unterstützt das Verständnis für die Beziehung Laut-Buchstabe.

Montessori nahm in ihren Schulen vor über 80 Jahren vorweg, was heute innerhalb der Regelschule fast eine Reformbewegung zu nennen ist: „Lesen durch schreiben" (unter anderem Andresen 1984, Reichen, Basel). Aus diesem Zusammenhang stammt auch die oben genannte Lauttabelle. Schon Montessori erkannte, dass es dem Kind mehr entspricht sich zunächst konkret auszudrücken, also sozusagen eine Bewegung von innen nach außen zu machen. Erst im zweiten Schritt nimmt es Gedanken der Umgebung in Form von Symbolen auf und entschlüsselt diese. Wenn erst die Beziehung zwischen Buchstabe und Laut erkannt ist, werden sie immer wieder versuchen sich einzelne Worte zu er-lesen. Lesefibeln gibt es deshalb in Montessori Schulen nicht: die Kinder lesen zunächst im Zusammenhang mit konkretem Gegenstand oder Handlung und mehr und mehr auch ihrem Stand entsprechende Bücher.

■ *Miniaturen und Wortkarten*: In einem Regal stehen 26 Schachteln, die alle mit je einem Buchstaben des Alphabets bezeichnet sind. Darin sind jeweils 6–8 Miniatur-Gegenstände, die mit dem entsprechenden Buchstaben beginnen: ein Buch, ein Biber, ein Baum, ein Ball usw. Dazu gibt es jeweils ein Wortkärtchen und Kärtchen mit den jeweiligen bestimmten Artikeln. Felix nimmt sich eine Schachtel aus dem Regal und legt die verschiedenen Gegenstände auf dem Teppich untereinander aus. Mark gesellt sich dazu und beide ordnen nun die Wortkärtchen den Miniaturen zu, kümmern sich aber nicht weiter um die Kärtchen mit den Artikeln. Das ‚Bild' einiger Worte scheint ihnen schon recht geläufig, andere entziffern sie buchstabenweise. Dieses Material verdeutlicht besonders die Idee des konkreten Lernens: Worte machen Sinn und prägen sich leicht ein im Zusammenhang mit

Dingen oder auch Handlungen, sie werden als ‚Symbol der Wirklichkeit‘ erlebt.

- Ein Lesematerial beinhaltet Puppenkleider mit den entsprechenden Wortkarten: Beides wird mit kleinen Wäscheklammern an einer dazugehörigen Wäscheleine aufgehängt. Können wir ahnen, welchen Spaß Kinder am Umgang mit diesen Dingen haben und wie aufnahmebereit sie dadurch für die dazugehörigen Worte sind?

- Es liegen immer *Arbeitsblätter* zu den einzelnen Buchstaben aus. Die Kinder suchen sich eines aus, bearbeiten es, das heißt, sie üben das Schreiben des Buchstabens und kreuzen danach in einer Liste an, welches sie gemacht haben.

- Eine beliebte Tätigkeit in ersten und zweiten Klassen ist die Herstellung von ‚Büchern‘ zum Thema ‚Ich mag…‘. Auf jede Seite dieses A5-Büchleins schreibt das Kind, was es gern mag: Schokolade essen, Fußball spielen usw. Dazu kann noch ein Bild gemalt werden. Entsprechend ist das auch mit ‚Ich mag nicht…‘ und anderen speziellen Themen möglich. Die Seiten erhalten ein Deckblatt und werden mit Wollfaden ‚zusammengenäht‘.

- Eine *Schreibmaschine* bietet Möglichkeit und Anregung zum Kennenlernen der Buchstaben, zum Abschreiben und zum Schreiben eigener Texte.

- *Buchstaben-Stempel* laden ein zum Schreiben und zum Gestalten des Geschriebenen. Die Schwelle ist niedrig, weil auch Kinder, denen es noch an der flüssigen Schreibmotorik fehlt, hierin ein angemessenes Medium finden.

- Eine *Handdruckmaschine* (vielleicht als Dauerleihgabe einer Druckerei, die häufig irgendwo auf dem Speicher noch eine davon stehen haben) stellt einen Anreiz für Schüler aller Niveaus dar. Die Schreibanfänger benutzen die hölzernen Buchstaben, um damit einzelne Worte (spiegelverkehrt) zu setzen und (nicht spiegelverkehrt) zu drucken. Besonders dieser Prozess des Umdenkens beim Setzen fordert und fördert die Festigung der richtigen Ordnung. Die älteren Kinder arbeiten auch mit Bleisatz, das heißt recht kleinen Buchdruck-Buchstaben. Auch farbiger Druck ist möglich. Es werden Plakate für ein Fußballturnier, einen Tag der

Das Drucken mit der Handdruckmaschine erfordert einen besonders aufmerksamen Umgang mit Buchstaben

offenen Tür oder eine Theateraufführung gestaltet, handgeschriebene Texte und Gedichte von Kindern können auf diese Weise in eine Form gebracht werden, es können Schülerzeitungen und vieles andere entstehen. Beim Drucken, so hat es auch der französische Reformpädagoge Freinet beschrieben, kommen viele Aspekte des aktiven Lernens zusammen: die Schüler sind manuell tätig, sie gestalten und wählen ihre Texte selbst aus, jeder kann seinem Entwicklungsstand angemessen arbeiten und die Fehlerkontrolle geschieht weitgehend gegenseitig unter den Kindern.

- Die für Kinder ausgesprochen abstrakte Wortarten-Unterscheidung kann mit konkretem Montessori-Material be-*greifbar* gemacht werden: Aus Kunststoff gibt es für jede Wortart bestimmte *Wortsymbole,* die über die geschriebenen Worte gelegt werden. Ein schwarzes Dreieck für das Substantiv, ein kleineres hellblaues Dreieck für den Artikel, ein roter Punkt für das Verb usw. Die Symbole werden über die jeweiligen Worte ins Heft gemalt und ergeben dabei interessante Muster.

- Auch die Satzstruktur kann mit den *Satzzerlegungskarten* anschaulich und von den Schülern überwiegend selbst erarbeitet werden.
- Im Falle von Zweisprachigkeit in der Grundschule und/oder zur sprachlichen Integration von deutschsprachigen und ausländischen Kindern sollten alle schriftlichen Materialien zweisprachig vorhanden sein: das heißt gegebenenfalls andere Sandpapier-Buchstaben und Buchstaben-Arbeitsblätter, Wortkarten in zwei Sprachen, auch schriftliches Material aus anderen Bereichen in zwei oder mehreren Sprachen.

Die hier beschriebenen Elemente stellen nur einen kleinen Teil all der möglichen Materialien dar. Verschiedene Varianten von Wort-Bild-Zuordnungen, Bildgeschichten als Schreibanlass und vieles andere gehören dazu. Ein Schreiblabor lebt darüber hinaus von immer neuen Ideen, Projekten und Materialien, die die vorbereitete Umgebung immer vielfältiger und ansprechender werden lassen – als Ergebnis eines kreativen Prozesses des Lehrers und der Kinder. Im Laufe der Zeit werden sich manche Dinge vielleicht erschöpft haben und ins Magazin wandern. Entscheidend ist, dass der Lehrer immer im engen Kontakt mit den Schülern ist und ihre Interessen und ureigenen Themen erkennt und in der vorbereiteten Umgebung aufgreift. Die Inhalte des Lehrplanes sind darin enthalten. Nicht zu unterschätzen sind all die anderen Situationen und Anlässe, die Kinder zum Schreiben animieren: Die Herstellung eines ‚Blumenbuches‘, in dem die Blumen neben Zeichnungen auch schriftlich charakterisiert werden, oder das Festhalten von Rezepten, die beim Kochen oder Backen in der Küche erprobt worden sind. Zu diesen Themen haben die Kinder in der Situation Kontakt, so dass das Schreiben in diesen Zusammenhang zu einer überaus sinnhaften und dadurch befriedigenden Tätigkeit wird.

Ergänzend zum Schreiblabor gibt es eine Leseecke, die insbesondere aus einer kleinen Bibliothek und gemütlichen Sitzgelegenheiten besteht. Manche Kinder ziehen sich nach aktiveren Tätigkeiten gern hierher zurück und vertiefen sich dabei in eines der vielen guten und interessanten Bücher.

Mensch und Kosmos

Im Zusammenhang mit der von Montessori so genannten Kosmischen Erziehung wird die universale Perspektive Maria Montessoris und ihrer Pädagogik besonders deutlich. Sie war bewegt von der Frage der Friedenserziehung im umfassenden Sinn. Erziehung war für Montessori in erster Linie ein Beitrag, mehr Frieden und Mitmenschlichkeit in die Welt zu bringen. „Es genügt nicht, für die Ernährung, Bekleidung und Unterkunft der Kinder zu sorgen. Der Fortschritt der Menschheit, die wirkliche Schaffung einer stärkeren und besseren Menschheit, hängt von der Befriedigung der geistigeren Bedürfnisse des Kindes ab (Montessori 1988: 111)." Wesentliche Teile des Konzeptes der Kosmischen Erziehung sind in Indien entstanden. 1939 war Montessori zu einer Reise in das asiatische Land aufgebrochen, das damals noch britische Kolonie war, um dort einen Ausbildungskurs zu halten. Nach Kriegseintritt Italiens wurden dort alle italienischen Staatsbürger als ‚Feinde' interniert, so auch ihr sie begleitender Sohn Mario, sie selbst stand sozusagen unter Hausarrest auf dem Gelände der Theosophischen Gesellschaft, wo auch der Kurs stattfand. In den insgesamt fast zehn Jahren, die Montessori statt der ursprünglich geplanten wenigen Monate in Indien verbrachte, war die Frage nach der Stellung des Menschen im Kosmos und die entsprechenden Konsequenzen für die Bildung des Menschen einer ihrer Arbeitsschwerpunkte. Der Eindruck und Austausch mit der indischen Kultur – sie traf unter anderem Gandhi und Tagore – dürfte seinen Teil dazu beigetragen haben.

„Der Mensch schläft mit all seinen Erfindungen und Errungenschaften am Rande des Abgrunds. Er muss seinen Blick vom Außen der eroberten Natur zurückwenden auf sein zurückgebliebenes Innen (Montessori 1973)." Montessori beschreibt damit die Tatsache, dass besonders die westliche Kultur besonders in den letzten zweihundert Jahren enorme Anstrengungen unternommen hat, um die Beherrschbarkeit der Natur durch die technische und wissenschaftliche Entwicklung voranzutreiben, andererseits aber die Entwicklung wahrhaft menschlichen Miteinanders kaum vorangekommen ist[11]. Sie spricht schon vor über 50 Jahren von der Einheit der Menschheit, von der Untrennbarkeit des Wohlergehens der Völker und vom Umgang mit der Natur, wie es erst in den 70er-, 80er-Jahren in das öffentliche Bewusstsein trat. Um also der realen wirtschaftlichen und politischen weltweiten Verknüpfung gerecht zu werden, appelliert sie an ein universales Bewusstsein und zu dessen Förderung schlägt sie einen „universalen Lehrplan" vor. Dessen oberstes Ziel ist die Förderung einer „neuen Menschlichkeit" (Holtstiege 1994:71), eine Kultur des Respekts, der gegenseitigen Hilfe und Solidarität. Dieser universale Lehrplan beruht auf der „kosmischen Theorie", die in der gesamten Schöpfung einen einheitlichen Plan erkennt. Montessori bindet darin die naturwissenschaftlich-evolutionstheoretische Sichtweise von Kosmos und Menschheitsgeschichte in eine religiös-spirituelle Perspektive von Schöpfung und kosmischer Fortentwicklung ein (Montessori 1988: 19ff.). Dabei sieht sie die Schöpfung als nicht abgeschlossen, sondern noch immer im Werden begriffen. Dabei „… blieb die Menschheit wie alle anderen Lebewesen der Tatsache unbewusst, eine kosmische Aufgabe in der Schöpfung zu haben (Montessori 1997:137)".

Montessori geht es also nicht um eine Stunde Friedens-, Ethik-, und Umwelterziehung, in denen den Kindern Regeln für friedliches und umweltgerechtes Verhalten vermittelt werden, sondern darum, dass die Kinder ihrem Alter gemäß die Zusammenhänge im ökologischen System, die universalen Auswirkungen menschlichen Handelns auf emotionaler, kognitiver und geistiger Ebene erfahren und dadurch wirklich verstehen können. Die Schulfächer Biologie, Physik, Chemie, Geographie, Geschichte und Religion gehen in der Kosmischen Erziehung auf. Ihre wesentliche Grundlage sind die besonderen Sensibilitäten im Alter zwischen 6 und 12 Jahren. In diesem Zeitraum entwickelt sich ein besonderes Interesse für Ursachen und Wirkzusammenhänge, die Kinder geben sich nicht mehr mit einfachen Antworten zufrieden. Darüber hinaus entsteht ab 6 oder 7 Jah-

---

[11] Vergl. auch Kap. 4.5. Die Lebensschule.

ren eine ausgeprägte Aufmerksamkeit für Fragen der Gerechtigkeit, der Werte und der Bedeutung von Gut und Böse. Das besondere Bedürfnis nach Gruppen- und Cliquenbildung bildet die Basis für Erfahrungen und Lernprozesse im sozialen Miteinander (Montessori 1988:37–39). Diese inneren Empfänglichkeiten bilden die Voraussetzung für die Erarbeitung dieses Gesamtbereichs. „So wie in der Montessori-Pädagogik alles Lernen in den einzelnen Fachbereichen – eigentlich in allen Lebensbereichen – zuerst als Hilfe für die Entwicklung des Kindes gesehen wird, so wird in der Kosmischen Erziehung die Arbeit in den Naturwissenschaften ebenfalls zuerst als tiefe Bedeutung für das Entwicklungsbedürfnis des Kindes gesehen. (Elsner 1999:244)." Der Kern der Kosmischen Erziehung ist das Studium der Natur, die Anregung und Anleitung der Kinder zu Naturbeobachtungen, Experimenten und zur Erforschung von ökologischen und schließlich gesellschaftlichen Zusammenhängen.

Wie sieht das nun konkret aus? Geschichten, die die Kinder auch auf emotionaler Ebene ansprechen und ihnen auf faszinierende Weise einen ersten großen Zusammenhang des Themas geben, bilden meist die Einleitung. Die Geschichten entsprechen dem altersgemäßen Bedürfnis nach ‚Großem' und verhindern, dass sie die Tätigkeiten im Detail verlieren. „Einzelheiten lehren bedeutet Verwirrung stiften. Die Beziehung unter den Dingen herstellen bedeutet Erkenntnisse vermitteln (Montessori 1988:126)." Auf Grundlage dieser Gesamtschau bieten verschiedene Materialien, Schaubilder, Zeitleisten, Experimente und Modellkonstruktionen die Möglichkeit zu selbständigem, aktivem Erarbeiten der mannigfaltigen Aspekte und Details des Themas.

Montessori fängt an mit dem Ur-Beginn: Die Schöpfung oder die Entstehung der Welt. Dieser Komplex wurde als die „Große Ouvertüre der kosmischen Erziehung" (Gebhardt-Seele, 1999:154) bezeichnet. Die Geschichte „Gott, der keine Hände hat" stammt von Mario Montessori, der ihr engster Mitarbeiter war. Sie beginnt wie folgt: „Zu allen Zeiten haben die Menschen von Gott gewusst. Sie konnten Ihn fühlen, auch wenn sie Ihn nicht sehen konnten, und in ihren verschiedenen Sprachen fragten sie schon immer danach, wer

Er sei und wo man Ihn finden könne. ‚Wer ist Gott?' wollten sie von ihren weisen Männern wissen. ‚Er ist das perfekteste aller Wesen' bekamen sie zur Antwort … (ebd. 147)". Es geht dann weiter mit der Frage, wie Gott die Welt und alle Wesen erschaffen konnte, wie sie ihm gehorchen können, wenn er unsichtbar ist und offenbar doch gar keine Hände hat. „Gottes Geschöpfe wissen nichts von ihrem Gehorsam. Die unbelebten Dinge existieren einfach; die lebendigen leben ihr Leben. Aber jedes Mal, wenn ein kühler Wind deine Wange streift, sagt seine Stimme, falls du sie verstehen könntest: ‚Herr, ich gehorche.' (ebd.)". In der Geschichte wird der Schöpfungsmythos mit der naturwissenschaftlichen Sicht vereint, ungewöhnlich, aber nicht nur für Kinder in ihrem Bedürfnis nach Erweiterung ihrer Vorstellungswelt geht davon eine besondere Faszination aus. „Dieses Gesetz Gottes gab uns die drei physischen Aggregatzustände: Alle Stoffe, die wir kennen, sind entweder gasförmig oder flüssig oder fest. Welchen Zustand sie zu einem bestimmten Zeitpunkt einnehmen, hängt von ihrer Temperatur ab … (ebd.: 150)." Es wird dann beschrieben, wie sich die unvorstellbar heiße Erde unter dem Einfluss der Kälte des Weltraumes langsam – im Laufe von Millionen von Jahren – abkühlte, sich Gase in Flüssigkeiten und Flüssigkeiten in feste Stoffe verwandelten und verdichteten. So wurde sie runzelig „wie ein alter Apfel", die Falten sind unsere Berge und die dazwischen liegenden Hohlräume unsere Ozeane. Diese Geschichte, vom Lehrer der gesamten Klasse vorgetragen, inspiriert die Kinder und regt sie an, jeder auf seine Weise, an dem Thema weiterzuarbeiten.

Dazu gibt es Schaubilder, die die Erde als glühenden Ball zeigen, das Größenverhältnis von Sonne und Erde und andere Einzelaspekte darstellen. Große Zeitleisten veranschaulichen die Zeitdimensionen im Zusammenhang mit der Erdentstehung. Ein auf eine große Rolle aufgewickeltes, 45 Meter langes schwarzes Stoffband repräsentiert die Zeitspanne von der Erdentstehung bis zum Beginn der Menschheitsgeschichte. Die 45 Meter stellen die 4,5 Milliarden Jahre seit der Entstehung der Erde dar, der letzte Zentimeter besteht aus weißem Stoff und repräsentiert die 1 Million Jahre Menschheitsgeschichte. Das Band kann abgerollt werden und wir können uns leicht vorstellen, dass dieser Eindruck nicht ersetzt werden kann durch Arbeitsblätter oder Auswendiglernen der Daten. Durch verschiedene Experimente lassen sich die Übergänge zwischen den Aggregatzuständen und die Zusammenhänge des Vulkanismus erfahrbar machen. Es gibt Modellkonstruktionen, die etwa die Erdschichtung und die Entstehung bestimmter geologischer Formationen wie Faltung oder Verwerfung konkret darstellen. Für die Darstellung der Faltung etwa werden Teppichreste in einem Kasten aufeinandergeschichtet und durch Seitendruck zusammengeschoben. Ergänzend gibt es Bild- und Definitionskarten, Arbeitsblätter, Karteien. Vielleicht ist deutlich geworden, dass es nicht um das Detailwissen geht, in Tests abfragbar, sondern um das Eröffnen eines neuen Horizontes und um wirkliches Verständnis der Zusammenhänge des komplexen Themas. Die Kinder werden im Laufe der Jahre ihr hinzuerworbenes Detailwissen in Physik, Chemie und Geographie in ihr Verständnis des Ganzen einfügen und es gleichzeitig erweitern.

Eine Variante des Jahreskreises: Jeden Tag wird ein Stecker in das entsprechende Loch gesteckt. Die Monate und Jahreszeiten sind farblich markiert und die Geburtstage der Kinder sind gekennzeichnet

Zu diesem universalen Überblick gehören auch die Zusammenhänge im Sonnensystem. Auch hierbei lassen sich verschiedene Aspekte konkret darstellen. So gibt es eine Kette mit 365 Kugeln, jeder Monat in einer anderen Farbe. Sie bildet auf dem Boden ausgelegt einen Durchmesser von circa einem Meter. Viertelkreise aus Karton oder Stoff innerhalb des Kreises stellen die Jahreszeiten dar. In die Mitte des Kreises stellen wir eine Lichtquelle als Sonne. Ein Globus wird langsam um die Perlenkette herumgeführt, so wird deutlich, wie die Neigung der Erde für die Jahreszeiten verantwortlich ist.

Die zweite große Geschichte leitet das nächste grundlegende Thema und das Fach Biologie ein: Die Entwicklung des Lebens auf der Erde.

Dazu gehören Zeitleisten mit den geologischen Epochen, den Veränderungen der Klimabedingungen und der Verschiebung der Kontinente. Die Zeitleisten gibt es fertig und nur als Grundstruktur, auf die die Kinder in Freiarbeit die entsprechenden Bilder, Namen und Texte auflegen können. Es gibt Legematerialien zur Systematik des Tierreichs. Die Biologische Kommode enthält verschiedene Schublädchen mit den Blüten-Grundformen, die die Kinder zuordnen und nachzeichnen können. Gemeinsam mit den Kindern Gärten mit Blumen und Kräutern anzulegen und zu pflegen, ist in der Montessori-Schule Niederseeon ein wichtiges Angebot im Bereich Kosmische Erziehung. Im Außengelände von Kindergarten und Schule werden von den Kindern immer wieder besondere Pflanzen und die verschiedensten Insekten entdeckt.

Marianna aus der dritten Klasse entdeckte an einem Morgen einen toten Buchfink am Waldrand liegen. Sie holte ein Vogelbestimmungsbuch aus der Klasse und rief ihre Freundin dazu. Beide hockten sich zum Vogel und versuchten ihn im Buch zu finden. Die Neuigkeit sprach sich schnell herum und mit Hilfe älterer Schüler fanden sie Bild und Beschreibung und lasen es den inzwischen mehreren versammelten Kindern laut vor. Es knüpften sich Gespräche über Beobachtungen verschiedener Vögel und ihrer Unterschiede an. Der Lehrer kam hinzu und

Zusammenhänge in der Natur werden durch konkrete Aktivität im Schulgarten erfahren

beteiligte sich an dem Gespräch. Der tote Vogel wurde noch genauer untersucht und schließlich im Wald begraben. Marianna bastelte in der Holzwerkstatt ein Kreuz und steckte es zum Grab dazu. Gespräche über den Tod und das danach schlossen sich an. Für den nächsten Vormittag richtete der Lehrer einen Tisch mit verschiedenen Büchern, Bildern, und Arbeitsblättern zum Thema ‚Vögel' her, so dass die offensichtlich interessierten Kinder ‚Stoff' zum weiterarbeiten hatten.

Durch den freien Zugang zum Außengelände haben die Kinder die Möglichkeit zu intensiver Naturerfahrung innerhalb des Alltags. Immer wieder ziehen sich Kinder zurück, bauen kleine Landschaften aus Moos und Stöckchen, sie genießen die verschiedenen Düfte zu verschiedenen Tages- und Jahreszeiten, sie pflücken Blumen und sammeln Eicheln und Kastanien. Sie entdecken dabei Würmer, Larven, Käfer und vieles andere. Bei der Planung von Kindergärten und Schulen sollten auch in der Stadt soweit irgend möglich solche Zonen mit eingeplant werden, statt riesiger, leerer Asphaltplätze.

131

Weitere Geschichten, die Montessori auch ‚Kosmische Märchen‘ genannt hat, leiten die Geschichte des Menschen auf der Erde und seine Kulturentwicklung ein. Sie beinhalten Fakten und entsprechen gleichzeitig dem konkreten und mit dem Emotionalen eng verbundenen Denken der Kinder. Dabei geht es um die Entwicklung von Jäger- und Sammler-Kulturen zu sesshaften Ackerbauern, die Entstehung von Schriftkulturen und so weiter. Auch für diese Themenbereiche gibt es Zeitleisten und Materialien. Sie eignen sich insbesondere auch für größere Projekte. Ein Projekt zur Jungsteinzeit soll im Folgenden beispielhaft zeigen, welchen Charakter Lernen dabei bekommen kann.

Die Schüler der 5.–6. Klasse bilden Arbeitsgruppen zu verschiedenen Aspekten des Lebens in der Jungsteinzeit: Ernährung, Transport/Lagerung, Hausbau, Werkzeuge, Textil/Kleidung/Schmuck, Musik, Sozialsystem/Religion. Das Bild eines Dorfes mit den verschiedenen Bedürfnisbereichen und der aufkeimenden Arbeitsteilung steht im Mittelpunkt des Projektes. Die Gruppen verstehen sich während dieser Zeit als Verantwortliche für das Funktionieren ihres Bereiches, um damit entsprechend ihren Teil zum Funktionieren des Gesamtsystems beizutragen. Die Ernährungsgruppe sammelt Kräuter, stellt aus selbst gemolkener Milch Butter und Frischkäse her, grillt Fleisch auf dem Feuer, bestellt zur Aufbewahrung und zum Transport bei der entsprechenden Gruppe Töpfe und Körbe. Sie lassen sich von der entsprechenden Gruppe Messer mit Steinklinge herstellen, um damit die Lebensmittel zu bearbeiten und auch zum Beispiel Löffel zu schnitzen. Die Textil-Gruppe besorgt sich vom Jäger frische Tierfelle, die dann selbst mit Eichenrinde gegerbt werden, sie färben Wolle vom Schäfer mit Naturfarben und spinnen diese dann, in der Werkzeug-Gruppe wird ein Eisenschmelzofen aus Lehm errichtet, in dem schließlich Eisenerz zu Eisen geschmolzen wird, die Hausbaugruppe fällt kleine Bäume, aus denen dann durch Binden mit Bast ein Fachwerkgerüst erstellt wird, mit Weidenstecken ausgefüllt und mit Lehm verschmiert.

Das Thema Sozialsystem / Religion wird von einer Druiden-Gruppe abgedeckt, deren Teilnehmer sich zunächst mehrerer Prüfungen unterziehen müssen, unter anderem durch das Einhalten einer Schweigestunde. Außerdem gibt es eine ,Theorie-Gruppe', in der einige Kinder Material erstellen, welches später im Unterricht in der Freiarbeit benutzt werden kann. Dafür müssen Bücher gewälzt und am Computer geschrieben werden. Denkbar wäre auch eine Dokumentationsgruppe, die die verschiedenen Arbeitsschritte der Gruppen photographiert, die Bilder entwickelt und sie dann wieder den einzelnen AGs zur Verfügung stellt. Aufgabe jeder Gruppe ist es neben der Realisation des praktischen Projektes, ihre Arbeit zu dokumentieren, das heißt eine oder mehrere Seiten eines ,Geschichtsbuches' zu dieser Epoche zu gestalten.

An jedem Morgen der Projektwoche treffen sich alle gemeinsam, besprechen den Stand der Arbeiten, die Lehrerin gibt an der Tafel Überblicks- und Hintergrundwissen, die Schüler tauschen sich über ihre Erfahrungen aus, Organisatorisches wird geregelt. Ähnliche Treffen finden jeden Mittag statt. Wenn die Kinder wirklich durch eigenes Handeln lernen sollen, dann brauchen sie einen größeren Zeitrahmen, in dem sie wirklich ganz in die Tätigkeit eintauchen können, so entsteht eine ganz andere Qualität als durch kleine Praxisphasen, die vor allem dazu dienen, den erlernten Stoff anschaulich zu machen und von den Schülern zu Recht häufig nicht ernst genommen werden. Es sollte für interessierte Schüler auch die Möglichkeit geben, nach Abschluss des Projektes, an einzelnen Themen weiterzuarbeiten, so dass Interesse und Tatendrang, die durch das Projekt selbst womöglich aufgekeimt sind, sich wirklich ganz entfalten können. Wenn wir bedenken, wie umfassend und vielfältig die Lernprozesse innerhalb so eines Projektes sein können, fällt es uns leicht, relativ viel Unterrichtszeit dafür zur Verfügung zu stellen. Im Kontext des Tuns sind Dinge zu schreiben, gegebenenfalls auch zu rechnen, die Arbeit ist zu koordinieren, soziale Probleme zu bewältigen, Werken, Technik, Chemie, Physik und vieles andere hat seinen Platz innerhalb des Projektes. Käse machen, färben, Eisen schmelzen sind praktische Naturwissenschaft, in den Kindern kann ein Verständnis für das reifen, was Wissenschaft eigentlich ist und wie sie entstanden ist. Sie lernen Fragen zu stellen, Ideen zum Forschen zu entwickeln und unmittelbare Probleme zu lösen. Allerdings sind diese Prozesse nur bedingt plan- und vorhersehbar. Welchen Kurs das ‚Lernschiff' jeweils wählt, ist nicht genau vorhersehbar, er ist immer wieder den konkreten Bedingungen und den Prozessen der Schüler anzupassen, nur darf der Lehrer als Kapitän das Endziel nicht aus dem Auge verlieren.

Die beschriebenen Ansätze und Beispiele bieten nicht mehr als einen ersten Eindruck von dem so umfassenden und facettenreichen Konzept der Kosmischen Erziehung. Es gibt eine große Zahl von Materialien für diesen Bereich, von Montessori selbst und ihrem Sohn Mario entwickelt. Mehr noch als in den anderen Bereichen sind wir darüber hinaus gefordert, im Sinne Montessoris für alle denkbaren Teilbereiche Materialien zu entwickeln und zu gestalten, die jeweils einen Zugang zum ‚Ganzen' ermöglichen. Die Kosmische Erziehung ist nach wie vor im ‚Versuchsstadium'. Besonders in Deutschland wurde die Kosmische Erziehung erst sehr spät aufgenommen, untersucht und in die Praxis umgesetzt, so dass hier noch viel zu tun bleibt. Montessori selbst hat sie zeitlebens fortentwickelt und dabei betont, dass es dabei weniger um einen didaktischen Plan, als um die grundlegende Idee geht (Holtstiege 1994:72).

Gott und das Kind

> *„Christ (zu Jesus): ‚Richtig, Herr. Ich bin betrogen*
> *worden. Jemand gab mir alle Antworten, noch ehe*
> *dein himmlischer Vater sprechen konnte.'"*
>
> *(Anthony de Mello)*

Für Maria Montessori war Religion ein essentieller Bestandteil ihrer Pädagogik wie auch ihres Lebens. Verschiedene Aspekte ihres Erziehungsansatzes beruhen auf einer religiös-spirituell geprägten Anthropologie. So sehr ihr religionspädagogisches Konzept zunächst auf die Vorbereitung des Lebens in der katholischen Kirche ausgerichtet war, so sehr nahm sie nach ihrem fast zehnjährigen Aufenthalt in Indien die Einheit der Religionen in den Blick. „Dieses Experiment der religiösen Erziehung trat in letzter Zeit in unseren ‚Kinderhäusern' zurück, weil es sich ausschließlich auf die katholische religiöse Erziehung bezog … (Montessori 1969:330)." An anderer Stelle schreibt sie: „Wir müssen bedenken, dass Religion eine universale Empfindung ist, die in jedem Menschen existiert und existiert hat seit Beginn der Welt … Wenn uns Religion fehlt, so fehlt uns etwas Fundamentales für die Entwicklung des Menschen (Montessori 1989:130)".

„Gott ist die Liebe (1972:262)" schreibt Montessori, und weiter: „Die Liebe und das Streben nach Liebe sind nicht Dinge, die gelernt werden, sie gehören zum Vermächtnis des Lebens (ebd.)". Die innere Beziehung zur höheren Kraft bringen die Kinder mit auf die Welt. So besteht der wichtigste Teil der ‚religiösen Erziehung' darin, in der Offenheit und Lebendigkeit der Kinder die göttliche Lebenskraft zu erkennen und sie ihnen zu *lassen*. Die Spiritualität des Kindes kommt in seiner Achtsamkeit zum Ausdruck, wenn es im Alter von wenigen Monaten versunken mit seinen Händen spielt oder wenn ein älteres Kind mit Liebe und Hingabe einer selbst gewählten Tätigkeit nachgeht, welche immer das auch sei. „Religion können wir dem Kind nicht geben, wir können nur die Voraussetzungen schaffen, dass sie sich entwickelt (Montessori 1995:97)." Unsere erste Aufgabe ist es also, ihnen die Möglichkeit zu geben, sich in ihrer Ganzheit erleben zu können und sich angenommen und respektiert zu fühlen. Es geht darum, diese Ganzheit nicht durch Druck, übermäßige Reglementierungen und Manipulation zu beeinträchtigen, sondern Kindern zu erlauben, von ihrem Inneren her, und das bedeutet auch aus ihrer Verbindung zu Gott, zu leben. „Es ist nicht schwer, kleinen Kindern Großes zu vermitteln, denn sie sind in allem groß. Sie nehmen die ganze Welt auf, und so wird nichts, was Sie haben, zuviel für sie sein. Kleine Kinder haben eine Sensibilität, die aus dem Herzen kommt. Sie sind eingetaucht in eine geistige Atmosphäre. Wenn Sie in Ihrer Familie von Gott sprechen, so wird das Kind Religion zu Hause aufnehmen (Montessori 1995:98)."

Über diese implizite religiöse Erziehung hinaus hat Montessori einige Vorschläge für die Vermittlung der biblischen Geschichte und der liturgischen Abläufe gemacht, in deren Mittelpunkt das ‚Atrium' steht, ein spezieller Raum für religiöse Erziehung. Gleichzeitig kritisiert sie: „Diese Schulen, deren Lehrplan Religionsunterricht einschließt, behandeln ihn wie ein Fach unter anderen. Das ist eine falsche Auffassung. Ich spreche gegen diesen Irrtum, denn Religion ist mehr als das. Sie ist etwas viel Größeres und auch völlig anders. Sie ist gerade *kein* Fach (Montessori 1995:96)".

Weitere Elemente einer religiösen Erziehung im Sinne Montessoris sind Freiarbeitsmaterial, Aktivitäten in der Gruppe wie Geschichten hören und spielen und Stille/Meditation. In Niederseeon können die Kinder sich in der Freiarbeit in bestimmten Gruppenräumen mit Material zu Themen wie ‚Zeit und Umwelt Jesu', ‚Die Weltreligionen' und anderem beschäftigen. Darüber hinaus gibt es Figurenmaterial zum Gleichnis vom Guten Hirten, Bild-Text-Zuordnungs-Material und Arbeitskarteien zu religiösen Themen. In der Montessori-Schule Niederseeon gibt es regelmäßig Angebote zu diesen Themen, in denen meistens Geschichten mit religiösem oder ‚innerem' Gehalt im Mittelpunkt stehen. Das Erzählen von Geschichten und vor allem auch das gemeinsame Singen von Liedern spricht in Kindern Seiten an, die ihnen sehr nah sind, aber selten Anregung und Raum zur Entfaltung finden. Die Ostergeschichte etwa wurde mit kreativem Material gestaltet und mit Figuren nachgespielt, manche Angebote münden in das gemeinsame Gestalten eines Bildes oder Mandalas mit Legematerial, zu Weihnachten wurde die Weihnachtsgeschichte als Theaterstück inszeniert.

Übungen der Stille sind bereits in einem vorausgehenden Kapitel (Lebensschule) kurz beschrieben. Montessori selbst spricht davon, dass ihre Ansätze der religiösen Erziehung der weiteren Entwicklung bedürfen. Die Sentenz von de Mello sollten wir dabei im Hinterkopf behalten: Wir betrügen die Kinder, wenn wir ihnen die Antworten geben, bevor sich die Fragen im Kind gebildet haben und damit die Möglichkeit, Antworten *direkt* zu empfangen.

Kunst – Musik – Kreativität

> *„Kreatives Tun ist der natürliche Selbstausdruck*
> *unserer Kinder. Schöpferisch zu sein ist seit jeher die*
> *urmenschliche Eigenschaft."*
>
> *(Katharina Martin)*

Wie beim Lesen durch Schreiben geht auch hier der Prozess von innen nach außen: beim Malen entstehen Formen und Farben aus sich heraus, die die Kinder wiederum zu weiteren Kreationen anregen. Hier sollten wir als Erwachsene nicht mit Vorschlägen, Bewertung, Lob und Fragen eingreifen, sondern sie immer mal wieder durch unsere *interessierte Aufmerksamkeit* in ihrem Prozess unterstützen. Vorbilder und Anregungen suchen sich die Kinder von sich aus unentwegt in ihrer Umwelt. Piaget bezeichnete diese ersten künstlerischen Äußerungen als Ausgleichsversuche zwischen dem ‚Ich' und der Anpassung an die Realität, die als authentischer Ausdruck des Kindes einen Wert an sich darstellen. „Die Kunsterziehung sollte vor allem das Ausbilden jener spontanen Ästhetik und schöpferischen Fähigkeit sein, die sich bereits beim Kind bemerkbar machen (Piaget 1999:245)." Unsere Hauptaufgabe besteht auch hier darin, ein für die kreativen Äußerungen des Kindes geeignetes Um

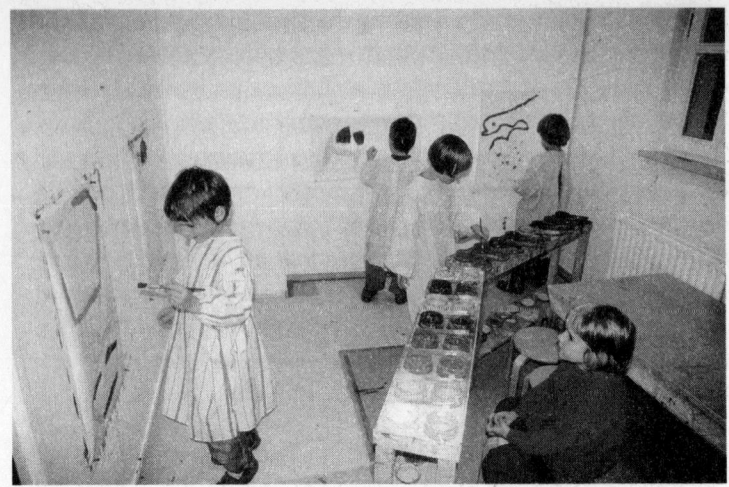

Der freie Ausdruck des Kindes wird durch das Mal-Atelier unterstützt

feld zu schaffen, in dem sich das kindliche Potential entfalten kann. Wir können ihnen bei Interesse bestimmte Techniken zeigen oder auch ein Thema vorgeben, ihnen dann aber bei der Umsetzung den nötigen Spielraum lassen. Ausmalblätter reduzieren die natürliche Offenheit und kindliche Weltwahrnehmung auf normierte, rein äußerlich gesehene Objekte und unterschätzen damit kolossal das kindliche Empfinden für Echtheit und inneren Gehalt.

Zur vorbereiteten Umgebung zum Malen und Zeichnen gehört ein abgedeckter oder leicht zu reinigender Tisch in der entsprechenden Höhe, Wachskreiden, Buntstifte dick und dünn, Wasserfarbkästen und eine Auswahl an Papieren: groß / klein, weiß / bunt. Auch zu Hause können wir einen Bereich schaffen, in dem die Kinder wissen, wo sie dieses Material finden und entsprechend selbständig damit umgehen können. Eine sinnvolle Regel dabei ist, dass es zum Malen mit Wasserfarben immer einen Malkittel braucht, der in unmittelbarer Nähe hängen sollte. Im Kindergarten und in der Schule ist es möglich ein Atelier oder eine Malwand einzurichten, wo die Kinder im Stehen an der Wand malen können. Es hat sich gezeigt, dass durch die Größe der Papiere, die aufrechte Haltung und die damit verbundene größere Bewegungsfreiheit eine andere An-regung verbunden ist und auch andere Bilder entstehen.

Montessori selbst hatte ein eher kritisches Verhältnis zum ,freien Zeichnen', wie es auch schon Anfang des Jahrhunderts in anderen Reformschulen praktiziert wurde. Sie betrachtete das Zeichnen in erster Linie als Vorbereitung auf das Schreiben und gab den Kindern dafür die weiter oben beschriebenen ,metallenen Einsätze'. Diese stellen eine gute Ergänzung zum freien Umgang mit Stift und Farbe dar, denn auch damit entwickeln die Kinder durch das Übereinan-derzeichnen und Ausmalen der verschiedenen Grundformen eigene Kreationen. Den Wert des unmittelbaren, unverstellten Ausdrucks des Kindes scheint Montessori jedoch nicht gesehen zu haben. In der aktuellen Montessori-Diskussion und -Praxis ist es selbstver-ständlich, dass hier eine Korrektur oder Erweiterung von Mon-tessoris Empfehlungen nötig ist. Anstatt allerdings neue Formen von Kunstunterricht und Freiarbeit zu entwickeln beschränkt sich die Praxis vieler Montessori-Schulen auf einen üblichen schulischen Kunstunterricht.

Auch wenn Basteln sich schnell nach hübscher Kindergarten-Beschäftigung anhört, muss das nicht so sein. Der freie Umgang mit Papier, Pappe, Kleber, Schere, Stift und allen anderen möglichen Materialien ist ein großes Feld für die kreative Betätigung von Kindern. Ähnlich wie beim Werken geht hier die manuelle Tätigkeit oft fließend über in Spiel und Fantasie. Die genannten Materialien sollten immer zur Verfügung stehen, in Kindergarten und Schule darüber hinaus Dinge wie: Stoffstücke, Federn, Schnur, Gummi-bänder, Draht, Korken, Kronenkorken, leere Schachteln, Toiletten-rollen, Knete.

Arbeit und Spiel mit unstrukturiertem Material entspringt dem ur-eigenen Spieltrieb der Kinder.

Die 3-jährige Franziska arbeitet zu Hause in ihrer Werkel-Ecke mit Pappschachteln, Federn und Kleber. Dabei entstehen Phantasiegebilde, die ihrer inneren Vorstellung entspringen. Eine leere Fax-Rolle mit einem Pappstreifen daran wird zu einem Schießgewehr, ein etwas komplexeres Gebilde zu einer Maschine, deren lautes Geräusch sie selbst dazu produziert. Sie ist dabei hochkonzentriert, singt und spricht dabei ihre Handlungen begleitend.

Durch das spielerische Werken erschafft sich Franziska ihre eigene Welt; diese Kreativität ist Ausdruck der unmittelbaren schöpferischen Kraft des Spiels. Dieser Umgang mit Farben und unstrukturierten Materialien ist eine nötige und gut zu integrierende Ergänzung zum klaren und rationalen Charakter des Montessori-Materials.

Die beste ‚musikalische Früherziehung‘ ist es, den Kindern in ihrem natürlichen Lebensumfeld die Möglichkeit zu geben, Erfahrungen mit Klängen und Tönen zu machen und sie das unverkrampfte gemeinsame Singen und (wenn auch nur in Ansätzen) Musizieren mit Freude erleben zu lassen. Wenn zu Hause mehrere kleine Instrumente wie Trommel, Tamburin, Flöte, Xylophon, Rassel und Ähnliches an einem Platz aufbewahrt werden, fühlen sich Kinder jeden Alters immer wieder zum Experimentieren damit animiert. Natürlich klingt das besonders im Kindergartenalter für unsere Ohren meist laut und chaotisch. Wir können uns dazu setzen und hier und da zum genauen Hinhören anregen, jedoch nicht versuchen uns zum Dirigenten zu machen – die spontane Spielfreude wird meistens darunter leiden, was die Kinder uns auch deutlich signalisieren werden. Das Rhythmusgefühl und besonders das aufeinander-hören-können ist in diesem Alter noch kaum entwickelt, dem können wir auch mit Ermahnung und Übung nicht nachhelfen ohne den spielerischen und neugierigen Umgang zu beeinträchtigen. Auch hier gilt, dass unser Sein und Tun als Erwachsener mehr bewirkt als alles Reden: Den besten Einstieg in die Welt der Musik geben wir ihnen, wenn Lieder zum selbstverständlichen Bestandteil des Lebens werden und dabei immer die Freude im Mittelpunkt steht.

Diese Haltung sollte auch Grundlage für den Umgang mit Musik im Kindergarten sein: Lieder singen als Ritual oder aus der Situation heraus. Wir können davon ausgehen, dass es für die Empfänglichkeit des Kindes für Musik entscheidend ist, ob das Singen aus der Beziehung zwischen den Kindern oder zwischen Kind und Erzieherin heraus entsteht oder ob es um die Erfüllung einer äußeren Norm geht.

Montessori hat ein Sinnesmaterial für die Entwicklung des musikalischen Gehörs geschaffen: den Glockensatz. Das Material besteht aus zwei Serien von Glocken, die jeweils 13 Töne repräsentieren. Die Füße der einen Serie sind schwarz oder weiß und erinnern damit an Klaviertasten. Nach einer Einführung können die Kinder im Kindergarten- und Grundschulalter selbständig damit arbeiten. In verschiedenen Schritten und Spielen geht es immer darum, die zwei sich entsprechenden Glocken herauszufinden und letztlich die Tonleiter in die richtige Reihenfolge zu bringen. Diese Arbeit bewirkt eine Schulung des Gehörsinnes. Für die Schule gibt es außerdem Bretter mit Notenlinien und dazu bewegliche Notenschriftzeichen aus Holz bzw. Kunststoff. Es können also frei Melodien gelegt und mit den Glocken gespielt werden.

In der Montessori-Schule Niederseeon gibt es einen Musikraum, der mit den genannten Materialien und weiteren Instrumenten ausgestattet ist. In diesem Raum gibt es zweimal in der Woche ‚Freiarbeit‘, das heißt, Kinder aus allen Klassen können kommen und aus eigener Initiative mit den Instrumenten umgehen. Eine Musiklehrerin begleitet und unterstützt sie dabei. Zuweilen entsteht auch ein intensives Zusammenspiel zwischen ihr und den Schülern. Über mehrere Wochen zum Beispiel waren die zwei vorhandenen Geigen besonders beliebt und fast alle anwesenden Kinder beschäftigten sich zum Teil mit großer Ausdauer damit.

Ein Mädchen nimmt sich eines Tages einen Glockenspiel-Schläger als Dirigentenstab und fordert die Lehrerin auf, so zu spielen, wie sie dirigiert. Diese Vorführung führt bei den anderen anwesenden Kindern zum Teil zu großem Gelächter. Nun wollen auch andere dirigieren, teilweise erklären sie dazu, was ihre Bewegungen bedeuten. Ein Junge holt die Montessori-Notenbretter und beginnt Noten zu legen, die sein Freund auf einem Xylophon spielen soll. Er ist damit nicht zufrieden und verschiebt einige Noten auf eine andere Linie um danach den Unterschied zu hören. Ein anderes Kind singt einen Ton aus dem Vorgespielten nach und sagt: „Der hat so scheußlich geklungen. Welcher Ton ist das?" Sie bekommt ihn auf dem Notenbrett gezeigt und verschiebt ihn solange, bis sie mit dem Klang zufrieden ist.

Die Kinder können sich so handelnd ein Verständnis des Zusammenhangs von Tonhöhe und Note erarbeiten.

Werk-Raum

> *„Im schöpferischen Tun (wenn es nicht bewertet und beurteilt wird) können Kinder sich in einem inneren Freiraum bewegen, der ihnen den lebendigen Kontakt mit ihrem inneren Selbst erlaubt."*
>
> (Katharina Martin)

Den hier beschriebenen Werk-Raum können wir uns als eine *vorbereitete Umgebung* im Sinne von *Freiarbeit* vorstellen. Material, Werkzeuge usw. stehen den Kindern frei zur Verfügung, sie wählen und entscheiden nach ihrem Impuls und Interesse, welche Tätigkeit sie wie lange ausüben. Auch hierbei gibt es gewisse unverzichtbare Regeln. Dazu gehört etwa die Auflage, nach getaner Arbeit den Arbeitsplatz aufzuräumen und gegebenenfalls sauberzumachen. Dies hält auch die gelegentliche Neigung mancher Kinder, ruhelos von einer zur nächsten Tätigkeit zu hetzen, im Rahmen.

Was veranlasst uns, im Zusammenhang mit der Montessori-Pädagogik, uns ausführlich mit den Möglichkeiten des Werkens für Kinder zu befassen? Dies hat zwei Gründe: zum einen hat sich die Situation von Kindern in unserer Kultur seit Montessoris Zeiten drastisch verändert. Konnten Kinder noch vor 70 oder 50 Jahren vielerorts selbstverständlich an handwerklichen Tätigkeiten ihrer Eltern oder anderer Personen teilhaben, so beschränkt sich dies heute höchstens auf die Hobby-Werkelei des Vaters. Wo früher Großeltern Zeit und Muße hatten, mit ihren Enkeln zu backen, zu nähen, Vogelhäuschen zu bauen, den Gemüsegarten zu beackern und ähnliches, ist diese Situation heute ausgesprochen selten. Wohn- und Arbeitsbereiche sind schon von der Stadtplanung her weitgehend getrennt und ein Handwerksbetrieb unserer Zeit hat mit eigentlicher Handarbeit in der Regel kaum noch etwas zu tun. Laute, gefährliche Maschinen und gestresste Mitarbeiter lassen Kindern und Jugendlichen kaum Raum dafür, sozusagen durch teilnehmende Beobachtung geschweige denn, durch Mittun zu lernen. Folglich muss es unsere Aufgabe sein, die vorbereitete Umgebung so zu erweitern, dass sie diese neue Situation berücksichtigt und ausgleicht.

Der zweite Grund liegt in der Neuorientierung und Erweiterung der Montessori-Pädagogik. Es geht nicht um ein vorbestimmtes didaktisches Programm, das die Kinder, wenn auch im eigenen Rhythmus zu absolvieren haben, sondern darum, dass sie einen Raum, das heißt eine vorbereitete Umgebung vorfinden, in der sie mit allen grundlegenden Elementen der Natur und Kultur aus eigenem Antrieb experimentieren und Erfahrungen machen können. Menschliche bzw. kulturelle Grundfertigkeiten wie Kochen, Nähen und Werken sollten in jedem Fall dazu gehören, zumal diese in gewisser Weise drohen, in Vergessenheit zu geraten. Kinder tun all diese Tätigkeiten in der Regel auch ausgesprochen gerne. Wir können es als Hinweis der Natur werten, dass all diese Tätigkeiten eine Bedeutung für die Entwicklung und Entfaltung von Fähigkeiten, aber auch inneren (Denk-)Strukturen haben. Piaget nennt es die operative Phase, in der senso-motorische Aktivität und Erfahrung ein primäres Bedürfnis des Kindes ist. Dieses soll aber nicht happchenweise von uns vorbereitet geschehen, sondern auf Grund eigener Ideen und Initiative der Kinder (Piaget 1999:234).

Abgesehen von dem Einfluss auf die Entwicklung innerer Lernstrukturen hat die Arbeit mit verschiedenen Werkmaterialien auch großen Einfluss auf die Entwicklung der Gesamtpersönlichkeit. Die Arbeit mit Holz, Ton, Stoff, Flechtmaterial und die Bereitung von

Nahrung hat eine ordnende, strukturierende und formende Wirkung auf die Kinder. Sie ermöglicht ihnen sensomotorische Erfahrungen, das heißt die Anregung des Tastsinns, die Feinmotorik der Hände, die Schulung ihrer Raumvorstellung und Augen-Hand-Koordinationsfähigkeit. Viele Kinder, unabhängig von ihren ‚Leistungen' im schulischen Bereich, entwickeln hier unübersehbare Talente, was zur Stärkung ihrer Persönlichkeit und ihres Selbstvertrauens beiträgt. Wir können uns vorstellen, dass die verschiedenen Bereiche und Materialien ganz unterschiedliche Kinder anspricht und dass die Arbeit damit jeweils besonders einen Aspekt fördert. Die Nahrungszubereitung ist ein grundlegender menschlicher Akt, der besonders in Zeiten von Fast Food und Tiefkühlpizza einen besonderen Stellenwert bekommt. Kinder, die zu Hause nicht einmal mehr diese Nahrung im wörtlichen Sinne bekommen, und das werden immer mehr, können hier lernen, ein Stück weit für sich selbst zu sorgen und sich damit schon auf dieser äußeren Ebene selbst unterstützen. Die Arbeit mit Stoff, das heißt nähen, stricken, knüpfen usw. lässt viel Spielraum für den Trieb zu gestalten, zu verschönern und zu schmücken. Die weichen Textilien fordern eine andere Geschicklichkeit als anderes Material und es spricht andere Kinder an. Die Arbeit mit Holz fordert sehr unterschiedliche Fertigkeiten, das technische Denken in drei Dimensionen, ein gewisses Durchsetzungsvermögen (dem Holz gegenüber!). Die Kinder müssen mit dem Widerstand des Materials umgehen lernen, ein Gespür entwickeln, wann Kraft und wann Feinfühligkeit erforderlich sind. Ton lässt ohne großen Widerstand fast unbegrenzten Gestaltungsspielraum – Traum-, Fantasie-, und andere innere Bilder können auf diese Art Gestalt annehmen. In jedem Fall ist es jedoch wichtig, dass wir die Ideenvielfalt der Kinder nicht gleich durch vorgegebene Aufgaben, durch handwerkliches Wissen („das macht man anders") einengen, sondern Spielraum geben für die riesige Schöpferkraft, die fast alle Kinder jedenfalls im Laufe der Zeit in mehreren dieser Bereiche entwickeln. So unterschiedlich die Materialien, ihre Qualitäten, die Anforderungen für den Umgang damit und vor allem die Kinder sind, so sehr leuchtet es ein, dass nicht alle Kinder gleich-

zeitig in einem Bereich arbeiten können, sondern dass es ihnen frei-
stehen muss, sich ihrer „sensiblen Phase" gemäß den Bereich aus-
zuwählen, der ihrem *momentanen* Interesse entspricht. Wenn wir
beobachten, mit welcher Hingabe und innerer Beteiligung auf diese
Art immer wieder gearbeitet wird, welch schöpferische Akte dabei
entstehen können, und eben auch welche ausgeprägten Fähigkeiten
sich zum Teil schon bilden, geht das oft weit über die Lehrplan-
vorgaben in Werken und textilem Werken hinaus. Es ist bekannt, dass
der Prozess der individuellen Entwicklung gewisse Parallelen zur
menschheitsgeschichtlichen Entwicklung hat. All diese handwerklichen Tätigkeiten sind grundlegende Techniken des Menschseins,
nur werden sie in unserer (nach-)industriellen Gesellschaft in vielen
Bereichen gar nicht mehr sicht- und spürbar. Ein Verständnis für
diese basalen, schon fast historischen Tätigkeiten bekommen Kinder nicht durch didaktisch aufbereitete TV-Sendungen oder Unter-
richtseinheiten, sondern in erster Linie über ihr spontanes Erleben
und die eigene Erfahrung. Darüber hinaus trägt die Auseinandersetzung mit diesen Tätigkeiten auch zu einer ganz praktischen Le-
benstüchtigkeit bei, die einen gewissen Ausgleich zur Einseitigkeit
vieler Ausbildungen und Berufe schaffen kann. Es kann ein Beitrag
sein, der den Kindern hilft aus ihrem Leben ein Ganzes zu machen,
ein reiches Leben, das aus der Befriedigung und Vielfalt schöpft.

Die Holzwerkstatt

Eine Werkbank mit der Möglichkeit, Werkstücke einzuspannen ist
gegenüber einem normalen Tisch eine große Erleichterung für
Kinder jeden Alters. Denn das Schwierigste ist für sie das, was für
Erwachsene mit einiger Übung gerade noch möglich ist: Das Festhalten des Werkstücks mit der einen, und das gleichzeitige Sägen,
Feilen, Bohren mit der anderen Hand. Eine Werkzeugausstattung
für das Kindergartenalter besteht aus Hammer, Kneifzange, Puck-
säge, Schraubenzieher, Feile, Schleifpapier, Nagelbohrer, Drillboh-
rer, Bleistift, Lineal und Winkel, eventuell Schnitzmesser. Das
Werkzeug sollte offen und frei zugänglich aufbewahrt werden, dies
erleichtert den Kindern die Orientierung und regt sie an, mit ver-

Bei der Arbeit in der Holzwerkstatt

schiedenen Werkzeugen zu experimentieren. Wichtig sind Holz-
klemmzwingen besonders dann, wenn keine Werkbank mit Spann-
vorrichtung vorhanden ist. Hiermit können auch Kinder relativ
leicht selbständig ihre Werkstücke am Tisch festspannen. Als Werk-
material eignen sich Weichholzreste, Leisten, Nägel verschiedener
Größe, Schrauben, Unterlegscheiben, Dübelstangen, Sperrholz.
Ganz wichtig ist auch Holzleim (nicht ohne Kittel), da viele Gebilde
und Konstruktionen durch einfach herzustellende Leimverbindun-
gen entstehen. Im Werkbereich sollten auch andere Materialien zur
Verfügung zu stellen: Pappe, Karton, leere Pappschachteln, Stoff,
Schnur, Reißzwecken, Draht.

Für Schulkinder können die Hölzer größer sein, aber besonders
auch der Vorrat und die Vielfalt des Materials sollte zunehmen. An
Werkzeug kommt für sie noch Folgendes hinzu: Fuchsschwanz,
Feinsäge, Laubsäge, schwererer Hammer, (nichtelektrische) Hand-
bohrmaschine, Hobel und Stechbeitel. Der Umgang mit den letzteren beiden bedarf aus Gründen der Sicherheit aber auch der Werk-
zeugschonung, besonderer Aufmerksamkeit.

Die Arbeit mit Ton

Für die Arbeit mit Ton brauchen wir im Wesentlichen nur eins: Künstlerton, der im Geschäft für Künstler- oder Bastelbedarf erhältlich ist. Ein großer Tisch, an dem die Kinder auf Hockern sitzend arbeiten können und genügend Regale, die die Vielzahl von fertigen Produkten aufnehmen können, bilden die Einrichtung eines Tonbereiches. Auch hier gibt es bestimmte Regeln, wie etwa einen Kittel zu tragen und eine Sperrholzunterlage zu benutzen. Dazu kommt eine Anzahl von Keramikerwerkzeug zum Formen, Ritzen, Schaben und Profilieren. Dies kann aber u. U. auch durch altes Besteck, Schraubenzieher, Messer usw. ersetzt werden.

Aus Ton entstehen in Kinderhand einerseits alle Arten und Formen von Gefäßen: Tassen, Schalen, Teller, Vasen, Kannen, Döschen und Becher, andererseits alle Arten von figürlichen Formen: Schlangen, Igel, Vögel, Pferde, Menschen. Dazu kommen Höhlen, Zelte, Häuschen, vielleicht auch Fahrzeuge. Manche Darstellungen haben aus unserer Sicht nur sehr begrenzt Ähnlichkeit mit dem, was sie für die Kinder bedeuten, trotzdem können wir zuweilen spüren, dass sie ein wichtiger und echter Ausdruck des Kindes sind, jenseits jeder formellen oder handwerklichen Bewertung. Andere Werke erschließen sich uns unmittelbar durch ihre starke künstlerische Ausdruckskraft. Gerade die kleineren oder damit unerfahrenen Kinder experimentieren lange Zeit einfach mit der Qualität des Materials: sie kneten, formen, ziehen, klopfen, vermengen den Ton mit Wasser, streichen ihn glatt, ritzen und schneiden, ohne dass ein eigentliches Produkt dabei herauskommt. Besonders solange wir beobachten, dass das Kind dabei konzentriert und zufrieden ist, sollten wir hier nicht eingreifen durch etwaige Vorschläge. Während der Arbeit sind manche Kinder zeitweise ganz in sich versunken, andererseits ist es auch eine sehr kommunikative Tätigkeit, da sie mit wenig Lärm und Bewegung verbunden ist. Ton eignet sich auch ausgezeichnet als Element der vorbereiteten Umgebung zu Hause. Eine Wachstischdecke, einige Sperrholzunterlagen und altes Besteck und Ähnliches reichen dafür völlig aus. Der Umgang mit unstrukturiertem Material wie eben Ton ist für Kinder heute nicht mehr selbstverständlich, wie vielleicht in Zeiten, da noch nicht jede Straße und jeder Hof asphaltiert war. Wir können uns aber vorstellen, wie kostbar ein Material für Kinder ist, das sie ohne große Anstrengung zu fast jeder beliebigen Form gestalten können, so dass sie ungehindert von technischen Problemen ihren inneren Bildern und Ideen Ausdruck verleihen können. Dazu ist es ein sehr sinnliches Material, das den Tastsinn und die Feinmotorik stimuliert.

Die Arbeit mit Textilien

Dafür mag es eine gesonderte ‚Werkstatt' geben, oder ‚Ecken' in den Gruppenräumen sind mit den benötigten Materialien gut ausgestattet. In einer Nähwerkstatt können auch mehrere mechanisch angetriebene Nähmaschinen stehen, an denen Grundschulkinder im Laufe der 2. oder 3. Klasse häufig schon gut arbeiten können. Vor allem geht es beim Nähen aber um den manuellen Umgang mit Nadel und Faden. Viele Kinder (nicht nur Mädchen) kommen mit zum Teil ausgeprägten Vorstellungen von dem, was sie gerne nähen möchten. Ein Täschchen, Puppenkleidung, eine Hose für sie selbst ... Sie suchen sich ein passendes Stück Stoff heraus, schneiden zu und fangen einfach an, die Stoffe mittels des Fadens miteinander zu verbinden. Mir kommt dabei immer wieder der Gedanke, dass es unsere Urväter- und Mütter wohl auch mal so gemacht haben, bis sich im Laufe von Jahrtausenden bestimmte Techniken, Regeln usw. herausgebildet haben. Wenn wir die Kinder zunächst experimentieren lassen, bildet sich aus eigenem Antrieb schnell das Interesse an unseren Techniken. Wenn wir etwas nähen, tun wir das natürlich nicht auf ‚Steinzeitart', und es wird nicht lange dauern, bis das erste Kind sich danach erkundigt und es ebenso versucht. Und auch in diesem Bereich entwickeln manche Kinder einen ungeheuren Ehrgeiz und Arbeitseifer, mit dem Ergebnis von fantasievollen und akkurat genähten Teilen. Es ist immer ein exemplarisches Lernen, das heißt, dass sich das Kind zu seiner Zeit in einen von ihm gewählten Gegenstand vertieft und in dieser Situation damit soweit geht, wie seine Ausdauer reicht. Die Kinder machen also die Erfahrung von Selbständigkeit, sie haben die Erfahrung von Erfolg, weil es keinen allgemein gültigen Maßstab gibt, und sie lernen, was allenthalben gefordert wird, sich nämlich selbständig an eine Aufgabe oder ein Problem heranzumachen und sich gegebenenfalls Hilfe zu holen usw. Wie sehr unterscheidet sich diese Arbeitsweise vom herkömmlichen Unterricht in textilem Werken, in dem lehrplangetreu allen Kindern bestimmte Techniken und Materialerfahrungen nahegebracht werden sollen. Schon hier gibt es die Schwierigkeit, dass der Kreuzstich für manche Schüler eine große Herausforderung darstellt, andere dagegen damit vollkommen unterfordert sind. Es entstehen, wie wir in den Vitrinen der Schulen sehen können, hübsche Sachen, die jedoch das Wesentliche vermissen lassen: einen wirklich schöpferischen Akt des Kindes, das so sehr nach Möglichkeiten dafür sucht.

Flechten

Zum Flechten gibt es für unsere Zwecke zwei Materialien: Peddigrohr und Weidenruten. Mit beiden Materialien können Kinder ab etwa neun Jahren einigermaßen selbständig arbeiten. In der Schule in Niederseeon war Korbflechten mit Weidenruten während der Sommermonate eine der möglichen Aktivitäten im Außengelände. Der dort anwesende Erwachsene zeigte den Kindern im Rahmen der Freiarbeit die Grundtechniken und half ihnen vor allem beim Anfang eines neuen Korbes, danach konnte recht selbständig damit weitergearbeitet werden. So saßen phasenweise immer wieder mehrere Kinder im Schatten eines Baumes und flochten ihren Korb – mal im Laufe eines Vormittags, mal dauerte die Fertigstellung zwei Wochen, weil immer nur halbstundenweise daran gearbeitet wurde. Die fertigen Körbe von zum Teil eindrucksvoller Größe sind echte Gebrauchsgegenstände und das ist ein Grund für die Beliebtheit dieser Tätigkeit. Die Arbeit hat vor allem einen ordnenden und darum beruhigenden Effekt. Ganz praktisch erleben die Kinder Sinn und Struktur von Ordnung, ohne dass wir es erklären müssten.

Metallbearbeitung – Elektrik

Ebenfalls etwa ab der dritten Klasse ist die Arbeit mit Metall bzw. Kupferblech möglich. Durch Treiben, Rändeln usw. werden kleine Teller, Schälchen oder Aschenbecher hergestellt. Dafür werden hölzerne Negativformen als Unterlage, spezielle Hämmer, Blechscheren, Feilen und einige weitere Werkzeuge benötigt. Die Herstellung kleiner Schaltungen, die Lämpchen zum Glühen und Mini-Motoren zum Laufen bringen, ist insbesondere für viele Jungen unglaublich faszinierend. Dazu gehört auch der Umgang mit Lötkolben und Lötzinn, was viele Kinder besonders begeistert hat. Im Kindergarten in Niederseeon hat der Leiter mit der Bereitstellung dieser Materialien und Werkzeuge auch für die Vorschulkinder experimentiert und dabei gute Erfahrungen gemacht (Czimmek 1999/3:25ff.). Gerade im Kindergarten zeigt sich oft, dass viele der dort angebotenen oder möglichen Tätigkeiten eher für Mädchen interessant sind, dass Jungen sich in ihren Interessen nicht gesehen und berücksichtigt fühlen. In diesem Zusammenhang sind diese Versuche zu begrüßen. Sicher ist das fast nur möglich, wenn wir als Erzieher einen Bezug oder ein Interesse an der Materie haben, sonst werden wir das Interesse der Kinder nicht entfachen und ihre Arbeit nicht begleiten können.

Wenn die Kinder erst einmal erfahren durften, wie es ist, ohne Vorgabe, ohne Einmischung von Erwachsenen in diesen Bereichen zu experimentieren, begeistern sie sich im Laufe der Zeit für verschiedene der aufgezählten Bereiche. Tatsächlich geht es ja dabei auch um menschliche Grundbedürfnisse, wie Nahrung, Kleidung, Behausung, Kunst im weitesten Sinne. Wir können davon ausgehen, dass diese Urbedürfnisse auch noch in jedem Kind lebendig sind. Die Aktivität in diesen Bereichen geht dann aus eigenem Antrieb in das Interesse für ausgefeiltere Techniken, Kunstformen, für Kultur im Allgemeinen über, und damit erwacht das Bedürfnis an Teilnahme auch an der Welt der Musik, Schrift und Mathematik.

Arbeitswelt

In der Montessori Schule Niederseeon gibt es aus dem Kreis der Eltern immer wieder Fachleute, die ihr Wissen und Können den Kindern zur Verfügung stellen wollen. In Absprache bzw. Kooperation mit den Lehrern machen sie Projekte oder Angebote innerhalb ihres Fachgebietes. Dabei war häufig die Faszination spürbar, die von Personen ausgeht, die von ihrer Sache begeistert sind und diese mit ganzem Herzen betreiben. Eine Keramikerin tont beispielsweise mit den Kindern, eine Kräuterspezialistin legte einen Kräutergarten an und pflegt ihn mit den Kindern, eine Musikerin bietet Musik, eine Malerin Kunst an. Anregungen und Aufgabenstellungen von Erwachsenen wirken immer auch in die Freiarbeit herein, indem sich manche Kinder mit den angebotenen Themen zum Teil noch über Tage selbständig beschäftigen.

Über dieses ‚Hereinholen der Welt' in die Schule hinaus wird mit zunehmendem Alter auch das Herausgehen in die Welt wichtig. Montessori fordert in dem von ihr so genannten „Erdkinderplan" eine „Erfahrungsschule des sozialen Lernens" für die 12- bis 18-Jährigen (Montessori 1988:127ff.). Ihre Idee ging dahin, um die Schule herum kleine Betriebe wie Landwirtschaft, Handwerk, Handel oder Gastronomie/Bewirtung anzusiedeln. In diesen produzierenden Betrieben – sie dachte nicht an Lehrwerkstätten – sollten die Jugendlichen ihren Fähigkeiten entsprechend mitarbeiten. Sie erkannte das große Bedürfnis der Jugendlichen, etwas Sinnvolles und Wertvolles zum Leben der Gesellschaft beizutragen statt immer nur Wissen aufzunehmen.

In Niederseeon ist das nicht möglich, so entstand – vor allem von Schuleltern getragen – ein Netz von Arbeitsstätten, in denen Kinder und Jugendliche mitarbeiten können: Gemüse-Gärtnerei, Geigenbauer, Bäckerei, Druckerei, Naturkostladen, Apotheke, Zahnarzt, Schreinerei, Kindergarten und andere. Die Viertklässler sind ein- oder zwei Tage in großen Abständen dort, die Schüler können sich die Betriebe aussuchen, wobei das Angebot immer beschränkt war. Die älteren Schüler können ihr Praktikum unter Umständen auf

151

mehrere Wochen ausweiten. Die Rückmeldungen der Schüler sind sehr unterschiedlich, aber immer waren sie lebendig und von neuen Erfahrungen gespeist. Das Unkrautjäten in der Gärtnerei ruft bei manchen wenig Begeisterung hervor und beim Kontrollieren der Lieferscheine im Naturkostladen ist Kopfrechnen ‚in echt‘ gefragt. Die Kinder und Jugendlichen kommen zurück mit neuen Fragen und Impulsen, was wiederum das Schulleben bereichert.

Neue Medien

Welche Rolle spielen PCs, Lernsoftware und Internet im Kontext einer vorbereiteten Umgebung? In Niederseeon beginnt das Informationszeitalter sozusagen in der 5. Klasse, bis dahin kommen die Kinder damit innerhalb der Schule nicht in Kontakt. Selbstverständlich gehen viele Schüler zu Hause mit dem PC um, sei es in Form von Spielen oder auch als ‚Schreibwerkzeug‘. Schon manche 4-Jährigen sind davon fasziniert und wollen an den Computer. Wir können sie auf den Schoß nehmen und ihnen zum Beispiel helfen ihren Namen mit Riesen-Lettern zu schreiben. Kinder sollten diese Geräte als selbstverständlichen Bestandteil unseres Lebens kennen lernen. Gleichzeitig dürfen wir nicht übersehen, dass das Bedürfnis der Kinder nach sinnlicher Erfahrung, motorischer Aktivität und menschlicher Kommunikation am Computer nicht wirklich befriedigt wird. So sollten wir immer genau beobachten, welche Wirkung die Arbeit oder das Spiel am PC auf das Kind tatsächlich hat. Wir können Kindern vermitteln, dass diese Medien nützliche Arbeitswerkzeuge sein können und ihnen gleichzeitig helfen, immer wieder Zugang zu lebendigeren Tätigkeiten und zur inneren Lebendigkeit zu finden.

Kinder bis 10 oder 12 Jahren müssen die Dinge anfassen, bewegen, manipulieren können, um sie wirklich zu verstehen. Aus diesem Grund sind Computer, die ein hohes Maß an Abstraktion repräsentieren, für eine vorbereitete Umgebung in Kindergarten und Schule nicht geeignet. Beim Einsatz von Lernsoftware geht es um zielgerichtetes Trainieren nach Maßgabe des Lehrplans, nicht um erfahrungsbezogenes Lernen zum Aufbau von Verständnisstrukturen, wie es dem Alter angemessen wäre. Nach dem Wechsel in die 5. Klasse stehen den Schülern in Niederseeon in jedem Klassen-/Gruppenraum miteinander vernetzte PCs mit Internetzugang zur Verfügung. Sie werden als Schreibwerkzeug benutzt, mit zunehmendem Alter aber auch für die Informationsrecherche. In diesem Alter mag auch der Einsatz von bestimmten Lernprogrammen sinnvoll sein, etwa für den Fremdsprachenunterricht, da die Hemmschwelle für das Sprechen vor dem Computer viel niedriger ist als in der Klasse oder Gruppe. Außerdem bietet dieses Medium den Vorteil, dass die Schüler dabei immer ihrem individuellen Leistungsstand entsprechend gefordert und gefördert werden. Die Arbeit mit den neuen Medien sollte nie Ersatz, sondern immer Ergänzung zu lebendiger Erfahrung mit Menschen, Dingen und Situationen sein.

Montessori-Erziehung heute
– Wege des Wandels

„Niemand kann sich einfach hinsetzen und sagen,
ich habe eine perfekte Schule erfunden, und so
machen wir das jetzt. Vielmehr müssen wir mutiger
werden zu experimentieren und auf diesem Weg
feststellen, was sich bewährt."

(Terrence Sejnowski, Hirnforscher, Die Zeit, 8. 6. 2000)

Nach fast einhundert Jahren haben Montessoris Ideen an Aktualität
nichts eingebüßt – es scheint sogar, als ob die Zeit erst jetzt reif dafür
ist. In den letzten Jahren gibt es fast einen Montessori-Boom, es
wurden viele neue Montessori-Schulen und -Kindergärten eröffnet,
meist veranlasst durch die Unzufriedenheit mit unserem öffentlichen Bildungssystem. Davon profitieren viele Kinder und ebenso
die Vielfalt der Bildungslandschaft. Aus den genialen Ideen Maria
Montessoris sollten wir kein Dogma machen, sie nicht als Methode
oder Technik ansehen, es sei denn in dem von ihr wie folgt beschriebenen Sinn: „Ich sagte, dass die Technik dieser Methode eine Technik der Liebe war (1976:8)". In erster Linie geht es also immer wieder um einen offenen Blick und ein offenes Herz den Kindern
gegenüber, um unsere Fähigkeit zu Dialog und wirklicher Präsenz –
unabhängig von den äußeren Bedingungen, die wir für richtig halten oder vorfinden.

Die Bedeutung der Montessori-Initiativen liegt auch in ihrer
Funktion als Motor für Wandlungsprozesse in öffentlichen Kindergärten und Schulen. Jeder Kindergarten, jede Schule ist im Zusammenhang ihres Umfeldes, ihrer Eltern, Kinder und Lehrer zu sehen.
Die ideale Schule, die überallhin passt, gibt es nicht. Die Montessori-
Schule Niederseeon hatte vergleichsweise ideale Bedingungen, was
die personelle Ausstattung und die Möglichkeiten der Kinder in
Werkstätten und Außengelände angeht. Doch auch ohne diese Voraussetzungen ist Vieles möglich. Es gibt Hauptschulen in ‚sozialen

Brennpunkten', die sich aus eigener Initiative auf den Weg zu einer neuen Lernkultur gemacht haben – auch mit finanzieller Hilfe aus der Wirtschaft. Hier ist unsere Kreativität gefragt. Entscheidend ist dabei unser Mut, auch ein Risiko einzugehen, Fehler zu machen und auch Chaos zuzulassen. Michael Fullan beschreibt in seinem Buch ,Die Schule als lernendes Unternehmen' (1999) eindrucksvoll, dass Chaos und Fehler zu jedem echten Wandlungsprozess gehören. Veränderungen seien nicht bis zuletzt planbar. Wir müssen uns selbst wieder als Lernende sehen, den ersten Schritt tun, die Folgen dieses Tuns aufmerksam beobachten und analysieren, dann den nächsten Schritt tun… Auch in Niederseeon wussten wir am Anfang vor allem, was wir nicht wollten, daraus entwickelte sich Schritt für Schritt ein klares Konzept und eine durchdachte Praxis. Ist aber so ein Experimentieren den Kindern zuzumuten? Der oben bereits zitierte amerikanische Hirnforscher Terrence Sejnowski antwortete auf diese Frage: „Nicht zu verantworten ist das derzeitige Bildungssystem. Es berücksichtigt nicht, in welch enormem Maß sich die Menschen in ihren Anlagen unterscheiden (in ,Die Zeit' v. 8.6. 2000)".

Literatur

Aebli, H.: Die geistige Entwicklung als Funktion von Anlage, Reifung, Um-welt- und Erziehungsbedingungen. In: Roth, H. (Hg.), Begabung und Lernen, Stuttgart 1969

Andresen, Ute: ABC und alles auf der Welt, Ravensburg 1984

Bach, Edward: in Barnard, Julian & Martine: Das Bach-Blüten Wunder, München 1989

Biebricher/Speichert: Montessori für Eltern. Die Materialien, die Methode, Reinbek 1999

Brazelton, T. B., Infants and mothers: Differences in development, New York 1969

Brügelmann, Hans: Kinder lernen anders, Lengwil am Bodensee 1998

Buber, Martin: Reden über Erziehung, Heidelberg 1986

Buytendijk, F. J. J.: Bildung der Jugend durch lebendiges Tun. In: Schulze-Benesch (Hg.) Montessori, Darmstadt 1970

Csikszentmihalyi, Mihaly: Das Fowerlebnis, Stuttgart 1996

Czimmek, Karsten: Lötkolben im Kindergarten?, in: ‚Mit Kindern wachsen‘, 3/1999, Freiamt

de Mello, Anthony: Warum der Vogel singt – Weisheitsgeschichten, Freibu-urg 1998

Donaldson, Margret: Wie Kinder denken, Bern/Stuttgart/Wien 1982

Elsner, Hans: Der Geologiebaukasten, in: Die ‚Kosmische Erziehung‘ Maria Montessoris, hgg. v. Reinhard Fischer, M. Klein-Landeck, H. Ludwig, Münster 1999

English/Hill, Visionen einer Schule der Zukunft, Total Quality Education, Freiamt 1999

Franck, Johannes: Gestalt-Gruppentherapie mit Kindern, Freiamt 1997

Fuhr, Reinhard/Gremmler-Fuhr, Martina: Faszination Lernen – Transfor-

mative Lernprozesse im Grenzbereich von Pädagogik und Psychothera-
pie, Köln 1988

Fullan, Michael: Die Schule als lernendes Unternehmen, Stuttgart 1999

Gadamer, Hans-Georg: Erziehung ist sich erziehen, Heidelberg 2000

Gardner, Howard: Abschied vom IQ. Die Rahmentheorie der vielfachen In-
telligenzen, Stuttgart 1998

Gebhardt-Seele: in: Fischer/Klein-Landeck/Ludwig, Hg., Die „Kosmische
Erziehung Maria Montessoris", Münster 1999

Gregorc, Anthony: Gregorc Mind Styles: Learners Characteristics Extenda-
Chart, Columbia 1997

Hengstenberg, Elfriede: Entfaltungen, Bilder und Schilderungen aus meiner
Arbeit mit Kindern, Heidelberg 1991

Huser, Joël: Lichtblick für helle Köpfe, Zürich 1999

Jacoby, Heinrich: Jenseits von ‚Begabt' und ‚Unbegabt', Hamburg 1991
Erziehen – Unterrichten – Erarbeiten, Hamburg 1989

Kabat-Zinn, Myla und Jon: Mit Kindern wachsen – Die Praxis der Achtsamkeit in der Familie, Freiamt 1998

Lindgren, Astrid in: Ljundggren, Kerstin: Besuch bei Astrid Lindgren,
Hamburg 1994

Montessori, Maria: Kinder, die in der Kirche leben, Freiburg 1966
Grundgedanken der Montessori-Pädagogik, Hg.: Oswald/Schulze-
Benesch, Freiburg 1967
Die Entdeckung des Kindes, Freiburg 1969
Das Kreative Kind, Freiburg 1972
Schule des Kindes, Freiburg 1976
Spannungsfeld Kind – Gesellschaft – Welt, Freiburg 1979
Kinder sind anders, München 1987
„Kosmische Erziehung", Freiburg 1988
Die Macht der Schwachen, Freiburg 1989
Dem Leben helfen, Freiburg 1992
Gott und das Kind, Freiburg 1995
Wie Kinder zu Konzentration und Stille finden, hg. v. I. Becker-Textor, 1998

Martin, Katharina: Über die Bedeutung der Geduld – zur Struktur der inneren Umgebung, in: ‚Mit Kindern wachsen' 1/2000, Freiamt

Oaklander, Violet: Gestalttherapie mit Kindern und Jugendlichen, Stuttgart 1987

Piaget, Jean: Theorien und Methoden der modernen Erziehung, München 1972
    Das Recht auf Erziehung und die Zukunft unseres Bildungssystems, München 1975
    Über Pädagogik, Weinheim und Basel 1999
Perls / Hefferline / Goodmann: Gestalttherapie – Wiederbelebung des Selbst, Stuttgart 1988
Portele, Gerhard: Der Mensch ist kein Wägelchen: Gestalttherapie – Gestaltpsychologie – Selbstorganisation – Konstruktivismus, Köln 1992
    Martin Buber für Gestalttherapeuten in: Doubrawa / Staemmler, Heilende Beziehung – Dialogische Gestalttherapie, Wuppertal 1999

Rüdiger, Dietrich, Aspekte einer „modernen" curricularen und entwicklungspsychologischen Artikulation des Montessori-Systems. In: Scheid / Weidlich (Hg.), Montessori-Pädagogik 1977, Stuttgart 1977

Schieder, Martin: Kleine Kinder lieben große Zahlen, Reutlingen 1995
Schulze-Benesch, Günter: Montessori – Beiträge zur Montessori-Forschung, Darmstadt 1980
Standing, E. M.: Maria Montessori, Leben und Werk, Stuttgart o. J.
Steiner, Gerhard: Lernen – 20 Szenarien aus dem Alltag, Bern 1996

Valentin, Lienhard: Mit Kindern neue Wege gehen, Reinbek bei Hamburg 2000
Vogel, Detlev: Autonomie kann sich nur in Freiheit entfalten – Aspekte der nicht-direktiven Erziehung, in: ‚Kindergarten heute' 7–8/2000, Freiburg
    Montessori und Visionen einer Schule von morgen, in: ‚Mit Kindern wachsen' 2/99

Wild, Rebeca: Erziehung zum Sein, Heidelberg 1986
    Sein zum Erziehen, Heidelberg 1991

Adressen und Bezugsquellen

Der ‚**Freundeskreis mit Kindern wachsen e. V.**' veranstaltet regelmäßig Fortbildungen und Seminare mit dem Autor und anderen Referenten, die auch aktuelle Artikel in der Zeitschrift gleichen Namens veröffentlichen. Informationen über Seminare und Zeitschrift:
Am Elzdamm 60, D-79312 Emmendingen,
Tel: 07641/933 750; Fax: 07641/933 751
www.mit-kindern-wachsen.de

Die ‚**Aktionsgemeinschaft Deutscher Montessori-Vereine e. V.**' ist ein Zusammenschluss, dem die Montessori-Landesverbände, sowie beide Dachverbände angehören. Sie gibt Informationsschriften heraus, sowie ein Verzeichnis der deutschen Montessori-Einrichtungen:
Geschäftsstelle, Sandstr. 9, D-47802 Krefeld
Tel: 02841/65 90 54; Fax: 02841/65 90 57

Bewegungsgeräte nach Elfriede Hengstenberg
Basisgemeinde Wulfshagenerhütten
D-24214 Gettorf, Tel: 04346/5044

Montessori-Material
Werkstatt für Spiel und Pädagogik Martin Plackner
Alkersdorf 21, A-4880 St. Georgen/A., Tel: 07667/8662; Fax: 07667/6908

Riedel GmbH – Bereich Montessori –
Unter den Linden 15; D-72762 Reutlingen; Tel: 07121/310866; Fax: 07121/370143

Material für die Schule
Spectra Verlag
Berkenkamp 25, D-46286 Dorsten
Tel: 02369/9175–0, Fax: 02369/9175–75

Bildnachweis